空间均衡视角下
北京蔬菜跨区域供给来源结构及其效应研究

Application of Spatial Equilibrium Model to Interregional Circulation Structure of Beijing's Vegetable and Effects

吴 舒　穆月英◎著

中国经济出版社
CHINA ECONOMIC PUBLISHING HOUSE
·北 京·

图书在版编目（CIP）数据

空间均衡视角下北京蔬菜跨区域供给来源结构及其效应研究／吴舒，穆月英著．--北京：中国经济出版社，2020.8

ISBN 978-7-5136-6284-0

Ⅰ.①空…　Ⅱ.①吴…②穆…　Ⅲ.①蔬菜-供应-来源-研究-中国　Ⅳ.①F326.12

中国版本图书馆 CIP 数据核字（2020）第 156393 号

责任编辑　李煜萍　李若雯
责任校对　王　帅
责任印制　巢新强

出版发行　中国经济出版社
印 刷 者　北京中石油彩色印刷有限责任公司
经 销 者　各地新华书店
开　　本　710mm×1000mm　1/16
印　　张　12.75
字　　数　190 千字
版　　次　2020 年 8 月第 1 版
印　　次　2020 年 8 月第 1 次
定　　价　58.00 元
广告经营许可证　京西工商广字第 8179 号

中国经济出版社　**网址** www.economyph.com　**社址** 北京市东城区安定门外大街 58 号　**邮编** 100011
本版图书如存在印装质量问题，请与本社销售中心联系调换（联系电话：010-57512564）

本研究得到以下项目资助

国家自然科学基金面上项目
“空间均衡视角下蔬菜跨区域供给、地区结构及供给效应研究”
（编号：71773121）

现代农业产业技术体系
北京市果类蔬菜产业创新团队项目
（编号：BAIC01 －2020）

国家自然科学基金青年科学基金项目
“时空视角下蔬菜市场价格非对称传导机制及原因研究”

国家重点研发计划项目
“粮食作物丰产增效资源配置机理与种植模式优化
——粮食主产区作物种植模式资源效率与生态经济评价”
（编号：2016YFD0300210）

前言

Preface

我国地域辽阔，蔬菜生产、流通及消费都存在着地域差异性，由此形成了蔬菜主产地和主销地，蔬菜跨区域供给成为各界关注的热点问题。蔬菜作为鲜活农产品，不耐储存与运输，“即时”供给尤为重要。构建生产稳定发展、产销衔接顺畅的供给体系有利于实现蔬菜有效供给。北京市作为人口聚集的特大城市，自产蔬菜数量有限，由此决定了外埠蔬菜供给的必要性。因此，本书以跨区域供给作为切入点，以北京市为例，重点研究蔬菜跨区域供给来源、地区结构及供给效应。在进行理论分析的基础上，从蔬菜主产地和供给模式上对蔬菜供给进行了评价分析，并运用空间均衡模型对不同因素的供给影响进行了模拟分析，最后从经济和资源视角分析了蔬菜供给效应和供给体系构建，通过综合衡量北京市蔬菜供给体系的优势与劣势，探索并提出蔬菜稳定供给的发展战略和对策。

主要研究内容包括：第一，分析蔬菜供给理论和北京市蔬菜供给现状；第二，通过灰色决策法对北京及主产地的蔬菜供给进行了地区和品种的比较优势研究；第三，基于生产理论，运用随机前沿生产函数测算要素间的替代关系，对北京市与主产地蔬菜的生产潜力进行了研究；第四，基于供应链视角进行的理论分析，对蔬菜供给模式的效率及农户选择进行了实证分析；第五，综合横向和纵向两个维度，基于空间均衡理论和空间均衡模型分析了北京市蔬菜与其他地区供给的基本格局、地区来源结构以及变动趋势；第六，基于农产品供给效应理论研究了北京市蔬菜供给的经济和资源环境效应。

主要研究结论概括如下：

第一，在蔬菜供给理论分析中，主要对农产品供需理论、供应链理论、空间均衡理论和农产品供给效应理论等进行了分析。农产品供需理论和供应链理论是贯穿全书的基础理论，从横、纵两个维度对北京市蔬菜供给现状进行了评价。在此基础上应用空间均衡理论，综合横、纵两个方面分析蔬菜供需基本格局以及地区来源结构，最后结合农产品供给效应理论对蔬菜供给效应进行了综合评价。

第二，北京市蔬菜供给的现状特征为，自产蔬菜中多以叶菜类、茄果类为主；设施蔬菜为核心技术体系，家庭经营是农村的基本经营主体；河北、山东和辽宁为外埠蔬菜供给的主要来源地。

第三，对主产地蔬菜生产比较优势的研究，侧重通过灰色决策法对地区和品种优势进行比较，主要结论为：北京市蔬菜生产地区比较优势虽然处于“低类”，供给来源地多集中在“高类”和“中类”中，但对于北京市产业内部而言，蔬菜相较于其他农产品更具有比较优势。

第四，对主产地蔬菜生产要素替代关系的研究，基于生产理论视角，运用随机前沿生产函数测算劳动、资本和土地三种要素间的替代关系，发现北京市与主产地蔬菜种植户在生产中会根据替代关系变化改变生产要素间投入比例，并且此潜力在具有不同经营特征以及要素禀赋种植户之间具有异质性。

第五，在蔬菜供给模式效率及农户选择的研究中，基于供给链视角进行了理论和实证分析，主要结论是：相较于中间收购商介入的传统供给模式，蔬菜种植户通过现代供给模式可以获得更高收益。但是在供给模式选择中，中间收购商仍然是衔接小农户与大市场的重要桥梁，是现阶段匹配蔬菜种植户所拥有的生产条件与其所处的外界环境的最佳选择。

第六，基于空间均衡理论和空间均衡模型对北京市蔬菜供给与主产地之间的关联进行分析，空间均衡优化结果显示，河北、辽宁为北京市蔬菜较为理想的供给来源地。通过收入、人口及流通成本三个方面设计不同的情景方案，分别直接作用在需求、供给和流通方面，研究结果认为，其因素发生变化时会影响消费者和生产者不断调整各自行为，从而使得各地区供给量和需求量通过影响因素的变化，达到新的均衡。

第七，关于蔬菜供给效应的研究，侧重于从农产品供给效应理论展开，研究了跨区域蔬菜供给所产生的经济成本和资源损耗。从总量来看，河北和山东供给效应最大；从单位供给量来看，天津、内蒙古和辽宁产生的供给效应最小，但具有较强的发展潜力，未来可以在一定程度上节约经济和资源成本。

目录 Contents

图表目录 Contents

第1章　引　言

1.1　选题背景与研究意义

1.1.1　选题背景

我国地域辽阔，各地蔬菜生产条件不同，因此形成了蔬菜生产的地区集聚性，而蔬菜是各地居民的生活必需品，特别是人口集聚的大城市，蔬菜消费需求更大。由此形成了蔬菜的主产地和主销地，使蔬菜跨区域供给存在一定的必要性；蔬菜作为鲜活农产品，不耐储存与运输，需“即时”供给，因而构建生产稳定发展、产销衔接顺畅的供给体系对于实现蔬菜有效供给显得尤为重要；与此同时，北京市作为人口聚集的特大城市，自产蔬菜数量有限，由此决定了外埠蔬菜供给的必要性。当前，北京市农业处于推进京津冀协同发展的新时期，承担着疏解非首都核心功能、服务首都经济发展的战略任务。与此同时，北京市蔬菜产业还面临着市场需求扩大而生产空间缩小、产量规模有限而卖难现象时有发生、安全质量诉求增大而流通环节监管不足等供需矛盾，如何提高蔬菜供给体系的质量和效率是北京市蔬菜产业发展面临的严峻挑战之一。因此，基于空间均衡理论，分析供给地区来源及结构，是保障北京市蔬菜市场稳定供给的关键。目前的研究现状是：

（1）解决农产品供需矛盾应从供给侧入手。

农业供给侧结构性改革的关键在于农业发展观念的转变，若同于以往利用刺激消费的方式来消化产能，其反而会进一步带来产能过剩、污染严重等后果。因此，须考虑从供给侧入手，改善供给结构，使农产品供给数量充足、品种和质量契合市场需求变化，从而真正形成结构合理、保障有力的农产品有效供给。

（2）蔬菜鲜活农产品供给问题重重。

作为种植业农产品，蔬菜有着一般农产品的共同特点：生产周期较长、供给具有一定的滞后性；生长对外界因素变化较为敏感；生产离不开劳动力的投入；等等。同时，蔬菜又有着不同于其他农产品的特殊性：与小麦等粮食作物相比，蔬菜属于鲜活农产品，对外界温度和湿度要求较高，不耐储存，只能“即时”供应；另外，蔬菜生产规模小、流通环节复杂，而且大部分蔬菜市场没有配备相应的冷藏设备，导致蔬菜在流通环节损耗大。

（3）北京市自产蔬菜供给呈不断下降趋势。

蔬菜是我国重要的农作物之一，是部分农村的支柱产业，对我国农业乃至国民经济的发展起着至关重要的作用。但在北京市，蔬菜播种面积和产量均呈减少的趋势。2018 年，北京市蔬菜播种面积是 3.6 万公顷，产量是 130.6 万吨，分别比 2002 年减少了 68.7% 和 74.5%（《北京市统计年鉴》，2019）。

（4）北京市蔬菜供给与外埠地区息息相关。

北京是我国的首都，是国际化的大都市，人口众多，对蔬菜品种以及蔬菜总体的需求量巨大，但其自身生产的蔬菜数量有限，随着北京市蔬菜播种面积的缩小和产量的下降，大部分蔬菜需要从外省调入。从北京市蔬菜整体来源地分布情况来看，河北、山东为蔬菜主要来源地，对北京市蔬菜市场的供应比例总计占到 60% 以上；同时可以发现，这些来源地均位于北京市周边，具有便利的交通条件，加上自身都是蔬菜生产大省，是北京市“菜篮子”的有机组成部分，对保障北京市蔬菜供应起到了重要作用。

（5）发展蔬菜产业是北京市农业发展的重要内容。

北京市政府重视蔬菜产业的发展，采取了多项措施支持蔬菜产业的发展。为了落实北京市“十三五”规划和《京津冀协同发展规划纲要》确定的战略任务，扩大蔬菜生产规模，不断完善市场流通体系，提高供给保障能力，同时推进与周边产地购销合作，增加产量，直接供给北京市蔬菜市场，合理布局社区蔬菜零售终端，扩大零售网点，以此来提高蔬菜自给率和应急保障功能，完善相应市场建设。

在我国，研究蔬菜供给及地区结构具有普遍意义。本书即以跨区域供给作为切入点，以北京市为例，研究蔬菜供给、地区结构及供给效应，旨在基于供给链的视角明确北京市蔬菜产业发展现状，结合与外埠供给地区的相互联系把握当前产业链的外部比较优势和内部运行机制，探讨如何从供给侧入手促进北京市蔬菜产业的健康发展。

1.1.2 研究意义

本书基于空间视角，以蔬菜供给为主线，研究蔬菜供给来源、地区结构及供给效应，对于构建稳定健全的北京市蔬菜供给体系，具有重要的现实意义和学术意义。

1.1.2.1 现实意义

当前，诸如京津冀鲜活农产品1小时物流圈等涉及区域间流通的问题，已成为各界高度关注的焦点。蔬菜是城乡居民生活中必不可少的消费品，同时，蔬菜生产又是我国农村的一个重要产业。随着蔬菜产业逐步向区域化、专业化方向发展和转变，国内蔬菜产品市场发育程度不断提高，在大流通背景下，蔬菜供应的空间格局已发生根本性变化，跨区域蔬菜流通将成为基本趋势，各地区在价格联系和交易流通关系上变得更为密切。北京市蔬菜市场自给率偏低，以外埠供给为主，具有典型销地市场的特征，了解外埠蔬菜供应的时空格局以及北京与其他地区市场间的横向联系，可以更好地加强与其他省份蔬菜生产基地的交流合作，从而保障北京市蔬菜市场的充足供给，满足市民的合理需求。

蔬菜供给既影响到居民的多元化消费，又关系到蔬菜产业相关经营者的切身利益。此外，近年来蔬菜市场价格起伏波动频繁，有人认为这也是对蔬菜供给问题的一种折射。因此，了解北京市蔬菜供给体系的结构特点以及内在运行规律，可以更好地分析蔬菜价格波动的深层次原因，从而提出合理的政策建议。

1.1.2.2 学术意义

已有研究中，关于蔬菜生产或流通等方面的研究成果已较为丰富。生产环节是供给的源头，流通环节是供给的渠道，两者协同合作才能有效地完成蔬菜供给。因此，将生产和流通环节视为一个整体，系统分析供给地区来源结构以及供给效应，具有重要的学术意义。北京市作为典型的销地市场，蔬菜供给存在一定的特殊性，因此研究北京市蔬菜供给问题，不仅要考虑生产环节，还需从流通、地区间市场联系等角度系统地分析蔬菜市场的供给行为，将地区间的关联、生产环节与流通环节的关联纳入供给系统，对其供给链及地区来源进行系统定量分析。通过关注其所产生的经济效应和资源效应，综合衡量北京市蔬菜供给体系的优势与劣势，探寻构建稳定蔬菜供给体系的发展战略和对策，指导我国其他大中型城市蔬菜的合理供给和安全保障。

1.2 国内外研究现状

面对我国蔬菜供给结构失衡的变化，蔬菜生产区域化的优化发展变得更为迫切，但同时需要有众多的产地相配合。这就需要在研究蔬菜供应问题时不仅要关注生产环节的优势变化，还要考虑流通环节的运行机制，同时要将这两种因素综合起来考虑区域蔬菜产业的发展程度。研究内容主要包括农产品供给与跨区域联系的关系、蔬菜生产与供给以及蔬菜供应链及其运行机制。

1.2.1 关于农产品供给与地区关系的研究

在空间概念引入经济活动分析之初，经济学家使用线性规划模型来分析地区间商品流通问题。它的原理是寻求将商品在各地区间分配而使所花费的总运费最低的最优路径。

为了进一步反映地区间的空间联动性，经济学家在线性规划模型的基础上加入了价格变量，从而形成了空间均衡模型。在开放经济条件下，各地区都有自己的经济活动，而地区间又会因贸易流通而联系在一起，Samuelson（1952）、Takayama 和 Judge（1964，1971）等在研究商品空间均衡问题时通过构建空间均衡模型来模拟地区间的均衡关系。之后，学者逐步开始对具体农产品地区间流通进行实证分析，MacAulay（1976）利用递归空间均衡模型研究了美国和加拿大的牛肉贸易；Koo 和 Uhm（1986）研究了美国、加拿大和欧盟间的小麦贸易；Guajardo 和 Elizondo（2003）研究了自由贸易协定对北美地区番茄贸易的影响；Lily（2007）构建了三种情景模式，探究不同贸易政策对我国台湾地区液态奶市场贸易的影响；Cruz 等（2010）发现巴西大豆供应链成本结构中流通成本所占的比重大，提出优化运输成本是提高产业竞争力的关键因素，并基于空间均衡模型对三个主产地地区进行了分析，结果为当仓储设施广泛使用时，大豆产业更具有竞争力；Mercedes 等（2012）在研究番茄在加拿大、美国和墨西哥三国贸易情况的变化时，发现墨西哥番茄占美国进口市场的比重有所下降，基于空间均衡模型和相应情景方案估计的结果，要使墨西哥番茄在美国市场上更具有竞争力，提高番茄生产效率是重要措施。

国内已经对粮食、肉、橡胶、奶粉和饲料等农产品横向供应联系进行了实证分析。辛贤等（2002）在传统运输模型中加入了供给和需求函数，从而构建了混合运输模型，研究我国饲料粮的区域间流通以及对价格的反应，在研究中价格被作为外生变量处理；辛贤等（2003）通过构建我国区域饲料粮市场的非线性空间均衡模型，模拟了国内贸易自由化背景条件下，由居民收入增长引发的畜产品消费增长对区域饲料粮市场流通格局的影响；尹坚（2003）运用空间均衡模型对我国肉产品市场区域均衡进行了模拟研究；陆文聪和黄祖辉（2004）通过构建 18 种主要农产品和 7 个地区的农产品区域市场均衡模型，对我国稻谷、小麦和玉米三种粮食作物供求区域的均衡变化趋势进行了模拟研究；张玉梅等（2006）将全球天然橡胶市场分为 5 个区域市场，运用建立的天然橡胶市场空间均衡模型进行了政策模拟和预测，分析了经济增长、关税等外生变量变化对中国天然橡胶供应的影响；梅燕（2008）将中国粮食问题纳入全球粮食市场体系，采用“多市场、多区域局部均衡模型”理论与结构，构建了共涉及 18 种（类）主要农产品和多地区市场的均衡模型；陈永福和刘春成（2008）基于国际贸易的视角，建立了中国杂粮供求局部均衡模型；刘鸿雁和龚晶（2008）将全世界分为四个市场——中国、澳大利亚、新西兰和世界其他地区，运用空间均衡模型模拟了降低关税对各地区全脂奶粉流通市场的影响；梁书民（2010）结合地理信息系统 GIS 网络分析法得到不同地区之间的最低运输费用和最优路径，从而构建了精饲料的流通空间格局。

1.2.2 关于蔬菜生产和供给的研究

蔬菜是居民重要的食物消费品，在生活中占有极其重要的地位。同时，蔬菜也是重要的农产品之一，是蔬菜种植者的主要收入来源。因此，哪些因素影响我国蔬菜的生产？其作用机理如何？这些问题引起了学者的研究，蔬菜生产环节的研究主要从区域性比较、供给反应和生产函数三个领域展开。

第一，在对我国蔬菜生产区域进行比较分析的研究中，刘雪等（2002）通过比较优势指数测算得出我国蔬菜生产存在地域差异性，同时存在区域优势的地区大多具备良好的市场区位条件；李岳云等（2007）认为我国蔬菜生产区域格局的演化动力来源于生产者的利益驱动，在此基础上运用聚类分析研究了我国31个省（区、市）在1997—2004年蔬菜生产的综合比较优势；卢凌霄等（2010）以黄瓜和西红柿为例，运用概率优势模型对不同地区以及不同生产方式进行比较分析，得出大型消费城市在大棚蔬菜上具有绝对优势；卢凌霄（2011）在全国层面上运用集中度、绝对离差和相对离差等指标分析了蔬菜生产的专业化程度；赵双双（2011）基于灰色理论对北京市蔬菜生产的地区优势和品种优势进行了分析，首先运用灰色系统评估法对地区生产进行聚类分析，在此基础上结合局势决策法对品种优势进行排序，把握北京市蔬菜生产的地区和品种结构。

第二，在对蔬菜供给反应的研究中，王秀清（1996）通过定性分析，发现城市化、工业化会导致蔬菜消费结构变动，从而推动蔬菜产地间竞争和集中；董晓霞等（2006）应用Tobit方法估计了地理区位、交通设施对蔬菜种植面积的影响；黄季焜等（2007）在分析影响因素中增加了市场条件、销售渠道等变量，目的在于将各种影响因素纳入一个研究框架下进行实证研究，得到市场基础设施的改进和交通设施的完善是农户种植结构调整的决定因素，而现代零售市场和农户组织的发展并未直接影响农户的决策；吕超、周应恒（2011）认为经济因素是影响农户播种面积最直接的因素；周应恒等（2012）运用结构方程模型，对技术进步、交通条件、市场需求和规模、知识溢出、政府政策、要素禀赋与蔬菜主产地形成的作用机制进行了分析；中国农业大学URP研究小组等（2014）根据北京市蔬菜主产地的自身特点，利用典型地区的农户调研数据，运用有序Logistic回归模型综合考察了生产者个人特征、家庭投入、自然条件、产业化经营条件、知识外溢状况等因素对北京市生产决策的影响；张洪星（2014）、李国飞等（2016）运用Nerlove模型探究蔬菜供给反应机制，得到的结果是短期供给弹性较小，长期供给弹性较大，说明过去的生产决策会影响现在的选择，蔬菜供需最终将走向平衡。

第三，在对蔬菜生产函数的研究中，张新民（2010）构建了有机菜花的随机前沿超越对数生产函数，分析了有机菜花的技术效率和影响其效率损失的主要因素；宁泽逵（2012）分别对蔬菜等六种农作物构建了柯布—道格拉斯生产函数模型，根据各农作物产值占总产值的比重加权处理劳动、资本和土地三大要素的边际替代率，并结合联立方程组分析探究影响因素的作用机制；吴建寨等（2015）基于修正的柯布—道格拉斯生产函数模型，从全国层面分析了蔬菜生产投入要素对蔬菜产业聚集的作用机制；李谷成等（2015）基于超越对数生产函数，对油菜生产要素替代关系进行了估计，发现化肥和机械投入都对劳动力产生了显著的替代效应，可以在一定程度上弥补劳动要素流出给油菜生产带来的影响；张标等（2016）通过构建超越对数函数模型，从地区、品种和技术三个方面分析蔬菜生产技术效率的差异，并探究影响技术效率的相关因素。

1.2.3 关于蔬菜供应链及其运行机制的研究

关于蔬菜供应链运行机制的研究是基于纵向视角对农产品供给的研究，农产品供应链由农产品生产者、收购商、加工企业、批发商、零售商和最终消费者等构成，涵盖了从田间到餐桌及上下游各环节的供应链网络体系（刘兵，2013；隋博文，2016）。由定义可知，农产品供应链由以下五个环节构成：生产、收购、加工、批发和零售，涉及农户、企业、合作社、中间收购商、加工商、物流商、批发商、零售商、消费者等农产品供应链各环节的主体，它们共同完成了蔬菜由农户到消费者的有效衔接。基于纵向视角的农产品供给的研究是将供应链上下游环节主体视为一个整体，强调通过纵向整合，提高供应链各环节的联结程度，实现农产品有效供给。近些年来，伴随着农产品“卖难”“买难”现象的出现，鲜活农产品流通发展缓慢和滞后的特征逐渐显现，引发了国内外学者对农产品流通问题的探讨和研究。本章在第一部分已经分析了关于蔬菜生产的相关文献，本部分关于农产品供给的研究主要围绕供应链管理、供应链的效率测算和供给模式选择三个方面展开。

第一，关于供应链管理。从农产品生产、加工和流通企业的角度来看，研究的关键在于如何结合供应链管理的理念，将供应链上下游各环节主体通过纵向整合为一个整体，提高体系的运行效率，实现农产品有效供给。Lansink（2001）利用长期和短期双重利润最大化模型，探究影响因素与荷兰蔬菜产业链构建的关系；Andrew W（2001）分析了政府参与对供应链管理的影响，发现零售终端统一规范化对于稳定蔬菜价格和农户销售渠道具有积极作用；Kumars（2006）以加工食品供应链为案例，分析其供应链构成以及在实际管理中的特征；Julio A（2005）分析了美国蔬菜供应链的现状以及发展模式，发现供应链各个环节联结较为紧密，呈现产销一体化的特征，这有效地保证了蔬菜能低损耗、高效率地进入市场；韩纪琴（2000），方志权、顾海英（2004）基于产业链视角，分析了南京市和上海市蔬菜供应链体系发展现状以及存在的问题；刘俊浩、李加明（2008）利用“钻石”模型，分别从投入要素、需求条件、相关产业、企业战略、结构与竞争等方面分析了山东寿光蔬菜产业的形成要素和竞争优势；穆月英等（2010）运用SWOT分析法对北京市蔬菜产业发展潜力进行了定性分析；隋博文、庄丽娟（2016）基于供应链管理理论总结了跨境农产品供应链的不同类型和基本结构，并按照“关系稳定性—联盟绩效—供应链优化”的逻辑思路指导流通产业实践。

第二，关于供应链效率的测算。供给模式的效率是一个多维概念，通过测算成果与消耗的比率及产出与投入的比率反映农产品在流通过程中各种产出与投入之间的比较。王学真等（2005）通过对山东寿光生产者到北京最终消费者全程流通环节所产生的费用进行分析，得出从农户到批发市场、从寿光到北京的运输、在北京的批发和零售四个环节中，费用最高的是批发环节，主要原因在于采购模式单一、批发与零售市场距离较远、运输费用较高；周应恒等（2008）分析了南京市蔬菜的不同流通渠道模式，得到蔬菜流通层次较多、效率不高，不同品种蔬菜的流通损耗差别较大，生产者分得的比例以直销渠道最高等结论；寇荣、谭向勇（2008）采用随机前沿生产函数方法，分析了北京市蔬菜批发主体的技术效率及其相关影响因素；孙剑（2011）利用流通速度指标、流通效益指标和流通规模指标，通过因子模型分析我国农产品流通效率演进趋势；欧阳小迅、黄福华（2011）基于 DEA - Tobit 模型对我国农产品流通效率影响因素进行了定量分析；李秋萍、肖小勇（2013）通过随机前沿模型利用 2005—2010 年省级面板数据分析了我国农产品批发市场技术效率的区域差异；项朝阳、李崇光（2015）分别对南菜北运和北菜南运两个典型收购商主导的供应链各环节成本收益情况进行了分析，发现农户获得利润的份额大，收购商在供应链中的获利较为稳定，零售商仅能获得人工工资，而农户总收益不高的原因在于生产经营规模小；李崇光等（2015）通过比较大型批发市场、农超对接、地头市场三种供给模式的价格形成机制，发现农超对接所代表的契约供给链模式优于其他两种相对松散的模式。

第三，关于供给模式选择。国际经验尤其是发展中国家的经验表明，超市这一新型流通主体的兴起已对农产品流通模式产生了深远的影响，在超市生鲜产品采购中，考虑到交易成本以及食品安全等因素，超市更愿意通过与农户签订订单或是寻求专业批发商的形式建立起自己的流通体系。Andrew（2001），Reardon 和 Berdegué（2002），Alvarado 和 Charmel（2002），Schwentesius 和 Gómez（2002），Codron 等（2004），Berdegué（2005）分别对亚洲、阿根廷、哥斯达黎加、墨西哥、地中海地区以及中美洲地区的超市对生鲜供应链的影响进行了分析，认为超市等现代零售终端会影响供应链体系原有的结构，导致中小农户被排除在现代流通模式之外；Hu 等（2004）认为超市等现代零售终端的出现可能会给许多传统中间商带来挑战，容易导致其被排除在现代流通模式之外；然而，董晓霞、黄季焜（2006），Wang 等（2009），黄珠容（2008），齐文娥（2009），乌云花（2009）等以我国作为分析对象，发现由于相对较小的农户规模和极不完善的组织体系等农户特征，超市等现代流通主体的巨大演变并没有影响到我国农户农产品销售的基本模式，农户销售农产品环节仍以中间商介入的供给模式为主，即利用中间商在市场中的灵活地位将农产品销售给市场，实现产品流通。农户在选择流通模式时还会受到农户自身特征、家庭特征、交易成本以及交通条件的影响；吕斌（2010）运用二元回归模型来分析农户成为供应链稳定主体意愿的影响机制，发现收入来源少、交易风险大、教育水平较低以及参加合作社组织的菜农更愿意成为供应链稳定主体；郑鹏（2012）基于农户视角运用多元 Logit 模型和多元回归模型分别分析了农户自身特征和交易成本对农户供应链选择和绩效的影响。

1.2.4 对现有研究的综合评价

通过对国内外研究现状的分析可以看出，现有研究表现出以下特点：

第一，国外对于农产品空间均衡的研究比较成熟，并基于不同市场结构和农产品品种，形成了许多空间均衡模型，为本书提供了研究基础。在空间均衡模型中，将生产环节和流通环节纳入一个系统中，通过对生产行为、流通行为等进行分析，将不同地区间价格与数量关联起来，更加系统地探讨了空间均衡条件下商品的供给格局，避免了单独从生产环节或流通环节进行分析时，忽略地区间内部关联带来的影响。国内对空间均衡模型的研究较少，已有的研究大多集中在粮食和肉类等大宗农产品上。

第二，国内对于蔬菜供给问题的研究大多基于纵向视角，并且通常单独从生产环节或流通环节进行分析，其中生产环节主要关注比较优势、供给反应影响因素、技术效率测算方面，定量分析集中在播种面积和产量的变化情况；流通环节主要围绕供应链效率测算展开，根据调研数据进行初步计算，从而对不同供应链进行比较与分析，近些年来，对流通环节逐渐开始运用计量分析方法，建立模型分析对不同供应链选择的影响机制。

已有研究在以下几个方面有待进一步深化：外埠食品供应空间格局是农产品供给的重要因素，单一的来源结构会导致对某个产地的依赖度增加，且供应市场上农产品的丰富程度也与来源地分布有着较大的关系，因此对供应来源地分布情况及所产生的效应进行分析，可以对供应质量稳定起一定的调节作用；同时从已有相关研究可以看出，对蔬菜生产、流通等方面的单独研究成果已较为丰富，生产环节是供给的源头，流通环节是供给的渠道，两者共同协作才能有效完成农产品供给。本研究探讨的蔬菜供给即是指这样一种供给，它不仅具有持续稳定的蔬菜生产能力，而且还有足够数量的蔬菜供应来源，能将地区间的关联、生产环节与流通环节的关联纳入供给系统中，从而使研究者能对其供给链及地区来源进行系统的定量分析。

1.3 相关概念界定

蔬菜供给。本研究基于产业链视角对蔬菜供给进行界定，不仅考虑蔬菜生产环节，同时需要结合流通环节，其中生产环节是供给的源头，流通环节是供给的渠道，将生产出来的蔬菜顺利流通到市场中才能有效实现蔬菜供给。本书把蔬菜生产环节和流通环节视为一个整体，从产业链视角探究蔬菜供给问题。

蔬菜供给模式。蔬菜供应链是由以下五个环节构成的：生产、收购、加工、批发和零售，涉及蔬菜种植户、企业、合作社、中间收购商、加工商、物流商、批发商、零售商、消费者等农产品供应链各环节的主体，它们共同完成蔬菜由农户到消费者的有效衔接。蔬菜供给模式是指蔬菜从生产者转移到消费者的路径或过程，蔬菜转移过程中涉及环节较多，各个节点之间都可以发生交易，同时也可以略去相应的环节，不同的途径或过程形成了多种供给模式，从而构成了多样化的供给体系。

地区结构。本研究将蔬菜供给地区结构问题纳入全国蔬菜市场体系中，分析空间均衡条件下地区间供需以及流通基本格局，从而勾勒出地区供给来源分布情况。

蔬菜供给效应。蔬菜供给过程中会产生多种效应，如通过供给，可以增加蔬菜供应链上从生产到流通各环节相关主体的收入，同时也可以满足居民日常生活需求等，但是在本研究中主要关注经济和资源方面产生的负面效应，即蔬菜供给效应衡量的是跨区域蔬菜供给所产生的经济成本、资源损耗情况。

1.4 研究内容、研究方法及技术路线

1.4.1 研究目标及内容

本研究总目标是基于空间视角，以蔬菜供给为主线，研究蔬菜供给来源、地区结构及供给效应，从而构建稳定、健全的北京市蔬菜供给体系。

具体目标是：

（1）对北京市蔬菜供给现状进行评价，包括生产环节的外部比较优势和内部运行机制、流通环节的供给模式选择和流通效率测算；

（2）探究蔬菜供给的影响因素，将纵向供应链视角和横向地区结构视角两个维度进行综合，即将生产、流通以及地区间联系纳入空间均衡模型中，探究相关因素变化对供给结构的影响；

（3）揭示蔬菜供给所产生的影响，本研究侧重经济和资源方面产生的负面效应，即跨区域蔬菜供给所产生的经济成本、资源损耗情况，并综合所分析的蔬菜目前供给结构和空间均衡模拟供给结构，以跨区转移的蔬菜供给作为切入点，力图揭示北京市蔬菜供给产生的经济和资源效应。

为了实现上述目标，须着重研究以下几个方面的内容：

（1）北京市蔬菜供给现状及特点的研究。

主要从蔬菜生产和流通方面对北京市蔬菜供给现状进行分析，来把握北京市蔬菜供给的特点。对于北京市蔬菜生产链的分析，按照蔬菜供给来源不同，划分为自产蔬菜和外埠蔬菜，首先通过对自产蔬菜生产的品种结构、地区结构以及技术结构等的分析，来把握北京市蔬菜生产的品种分布、地区布局以及技术内容；然后结合外埠蔬菜供给的来源结构，分析供给地区生产现状和特点。对于北京市蔬菜供给链的分析，运用 SWOT 分析法总结现有的蔬菜供给模式，并结合价格形成机制对产销地之间联动进行分析。

（2）主产地蔬菜生产的区域比较优势和要素生产潜力的研究。

从地区和品种两个方面来把握北京市及主产地蔬菜生产的外部比较优势。首先，从自然、技术、经济因素等三个方面选取指标对蔬菜生产能力进行灰色聚类分析，把握蔬菜生产的地区比较优势；然后，运用灰色局势决策方法分析蔬菜产业相较于其他农产品产业是否具有品种的比较优势。

从生产要素间的替代关系探究北京市及主产地的蔬菜生产潜力。构建蔬菜生产的随机前沿生产函数，利用调研数据对蔬菜生产要素的替代关系进行估算，把握要素之间的替代组合关系，在此基础上，利用联立方程组模型分析要素间替代关系的影响因素，以期为优化农户生产要素投入结构、促进蔬菜产业可持续发展提供参考依据。

（3）蔬菜供给模式的效率及农户选择研究。

以北京市蔬菜供给模式作为研究对象，分别基于农户视角和流通主体视角对北京市蔬菜供给模式的效率进行评价，在此基础上分析北京市及主产地蔬菜种植户选择不同供给模式与影响因素之间的作用机制。

（4）蔬菜供给的空间均衡及地区结构模拟的研究。

构建蔬菜空间均衡模型，在全国蔬菜市场空间均衡条件下，模拟北京市及全国其他地区蔬菜生产和消费的基本格局以及区域间的流通量，并从需求、供给和流通三个方面设置情景方案，探究不同影响因素发生变化时对北京市蔬菜供给产生的影响。

（5）蔬菜供给效应的研究。

首先从经济成本视角，测算蔬菜跨区域供给行为产生的经济成本、单位距离的经济成本、经济总边界和经济边界；其次分别从生态足迹、水足迹和碳足迹视角全面测算北京市蔬菜跨地区供给的资源效应，并基于主成分分析法对外埠地区蔬菜供给效应的类型进行划分。综合蔬菜目前的供给结构及空间均衡模拟的供给结构对蔬菜供给效应进行综合评价。

1.4.2 研究方法

在分析北京市蔬菜供给的结构和特点的基础上，运用灰色聚类和灰色局势决策方法分别对北京市及主产地蔬菜生产的地区和品种比较优势进行测算，从横向维度把握北京市蔬菜生产的比较优势。对于生产环节，建立随机前沿生产函数，测算生产要素间的替代关系，进一步结合联立方程组方法分析替代关系变化的影响因素，以此揭示地区蔬菜产业发展潜力；对于流通环节，测算蔬菜不同供给模式的效率，并采用 Tobit 模型探讨各种因素对北京市及主产地蔬菜种植户供给模式选择的影响机制，从纵向维度把握北京市蔬菜供给体系的运行机制。在此基础上，综合横向地区结构以及纵向生产流通环节，运用空间均衡理论，构建全国蔬菜市场空间均衡模型，模拟地区间市场的价格联系和贸易流通关系，并通过设置情景方案，分析因素变化时会对北京市蔬菜供给产生的影响。将供给蔬菜数量与相关因子相乘，测算蔬菜供给所产生的经济成本、对土地和水资源的利用情况以及对大气环境造成的影响，在此基础上运用主成分分析法对北京市外埠地区蔬菜供给所产生的效应进行综合评价。主要方法有描述性统计分析、灰色聚类分析、灰色局势决策、随机前沿生产函数、距离函数模型、Tobit模型、空间均衡模型和主成分分析法。

1.4.2.1 描述性统计方法

首先，在对北京市蔬菜供给现状的分析中，主要结合图表的表达方法，将不同的经济变量放到一张图或一个表中，利用不同图表类型（如条形图、饼图等）的特点可以清楚地看出变量之间的对比关系，从品种结构、地区结构和技术结构三方面对北京市蔬菜的生产结构进行分析。

其次，在对蔬菜供给模式的效率测算中，主要结合流通成本、流通费用以及生产者分得比率三个指标来测算不同供给模式的效率。

最后，在对蔬菜供给产生的效应测算中，通过经济成本来反映供给的经济效应；利用生态足迹、水足迹以及碳足迹等非货币化的生态系统评估工具，分别测算蔬菜跨地区供给的资源效应。

1.4.2.2 灰色聚类分析与灰色局势决策分析

灰色聚类评价法和灰色局势决策法都是灰色系统理论中用于评价问题的重要方法。

第一，灰色聚类评价法。灰色聚类评价法是根据灰色关联矩阵或灰色白化权函数将观测对象划分成若干个可定义类别的方法。本书采用的是灰色白化权函数聚类方法对北京市及主产地蔬菜生产的比较优势进行测算，将全国各地区作为评价对象，从自然、技术、经济三个方面选取7个定量指标作为评价因子，并依据评价因子相对应数据的变异程度来确定指标权重，从而判断各地区蔬菜生产的比较优势。

第二，灰色局势决策法。灰色局势决策法是结合目标效果值与权重测算综合效果值，对备选方案进行排序的方法。为了研究北京市蔬菜与其他农产品生产的比较优势，本书选择的是灰色局势决策方法，以农作物的生产条件、生产效率及生产增长趋势作为研究目标，将品种的生产优势进行排序，从而评价各品种的比较优势。

1.4.2.3 随机前沿生产函数

传统的生产函数只反映出样本中各投入要素与平均产出的关系，因此也可以称其为平均生产函数，而前沿性生产函数是对既定的投入要素进行最佳组合的函数形式。因此，本书选择具有一般性的变弹性生产函数模型——超越对数生产函数来分析要素之间的替代弹性。

1.4.2.4 距离函数模型

借鉴生产函数的分析框架，将蔬菜流通过程表示为投入与产出的技术关系，即利用有限资源的投入获得最大蔬菜流通产出的能力，通过距离函数测算蔬菜供给模式的流通效率。蔬菜流通产出集合 $P(x_k)$ 是指 N 种要素投入 x 所得到蔬菜流通产出所有可能的组合，假定有 k 个决策单元，其投入产出向量为（$x_{K\times N}$，$y_{K\times N}$），运用相关投入产出数据，无须考虑具体函数形式，采用 DEA 方法可以测算流通投入—产出的转化效率，效率值介于 0 与 1 之间。

1.4.2.5 Tobit 模型

Tobit 回归模型不同于离散选择模型和一般意义上的连续变量选择模型，它的因变量具有取值有限制和存在选择性行为的特点。对本书而言，因变量表示农户供给模式的选择意愿。农户与市场的联系纽带或是中间收购商或是合作社，那么将蔬菜销售给中间收购商的比重在一定程度上可以反映农户选择供给模式的意愿，即销售给中间收购商的比重越高，说明农户进入流通市场主要是借助于中间收购商，这种模式越接近传统供给模式，反之，比例越低，说明农户在供给模式选择时越倾向于不经过中间收购商的现代流通模式。因此，实证中可以用农户销售给中间收购商的蔬菜数量占蔬菜总销售数量的比例作为分析农户供给模式选择意愿的依据，这个比例的取值在 0 与 1 之间。使用 Tobit 模型进行估算，解释变量为影响选择意愿的相关因素，包括农户自身特征、经营特征、交通条件与市场信息四个方面。

1.4.2.6 空间均衡模型

空间均衡模型由最优化目标函数和约束条件构成。其中，最优目标函数是使社会净收益（生产者剩余与消费者剩余的总和减去运输成本的差额）最大化；约束条件包括三个方程，分别为供需方程、流通限制方程和价格联系方程。

运用 GAMS 软件来实现模型的求解。第一，检验模型的有效性，如果基期数据与实际数据的差异在合理的范围内，并通过检验，说明模型是有效的；第二，模拟流通格局，根据模拟的数据，描绘出当前的商品流通格局；第三，探究影响因素，通过设置情景方案，模拟影响因素改变时，对商品地区布局的影响。

本书的研究对象为蔬菜。根据地区生产力、种植品种相近性等特点，将地区间进行合并，选取包括北京在内的 13 个市场作为本书的研究地区。

1.4.2.7 主成分分析法

主成分分析法是一种多元统计方法，通常应用在处理较多变量的情况下，将多变量综合成几个少数变量来进行综合评价。其基本原理是将 p 个具有一定相关关系的变量 X_1，X_2，…，X_p 综合成几个少数的主成分来替代较多变量。各主成分指标需满足两个条件：一是能够最大限度地解释相关变量 X_1，X_2，…，X_p 之间方差的线性组合；二是相互独立。由于各主成分所包含的信息量是递减的，在实际分析中，根据各主成分的方差占全部方差的比重来进行选择，一般取值在 85% 以上，可以在一定程度上代表原有的变量。

1.4.3 技术路线

蔬菜的跨区域供给是一个较大的题目，本书的逻辑主线是，在进行理论分析的基础上，形成蔬菜跨区域供给研究较为系统的分析框架。

首先，结合农产品供需理论和供应链理论对北京市蔬菜供给现状进行评价，从横向地区结构与纵向供应链结构角度对供给现状进行了分解分析，具体包括生产环节的外部比较优势和内部运行机制、流通环节的供给模式效率以及农户选择的作用机制；其次，基于空间均衡模型探究北京市蔬菜供给的影响因素，将横向地区结构与纵向供应链结构进行了综合，从生产和流通等方面分析因素变化对供给及地区结构的影响；最后，在此基础上，揭示北京市蔬菜供给所产生的影响，综合蔬菜供给现状的特点以及空间均衡模拟的地区结构两个方面对蔬菜供给所产生的经济成本和资源损耗进行定量分析，并从生产特点、供给模式、地区结构及供给效应四个方面总结北京市蔬菜供给体系。

技术路线如图1－1。

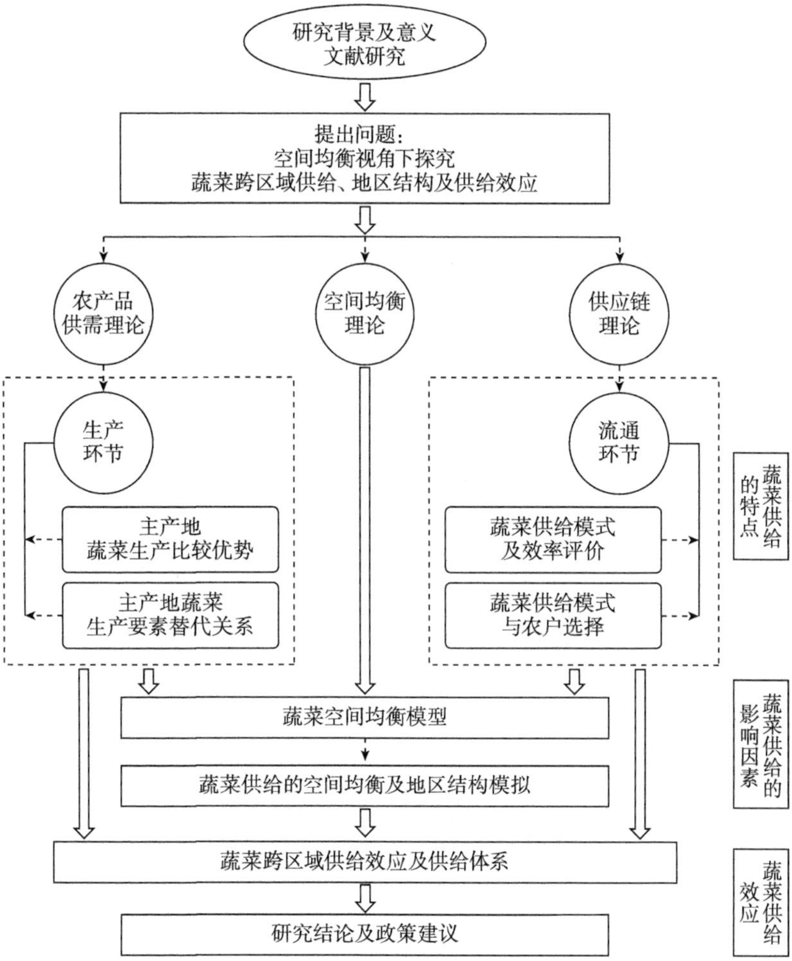

图1－1 技术路线

第 2 章　跨区域蔬菜供给的理论分析

大城市在进行蔬菜产业生产布局时需要同时平衡好自身供给能力和全国蔬菜均衡能力，即根据自身实际，合理安排蔬菜生产，同时协调好与外埠供给地区间的合作关系。探究蔬菜供给时，既需要纵向视角，注重生产环节和流通环节的有效衔接，又需要横向视角，考虑地区间的贸易流通关系，从而构建产销衔接顺畅、空间均衡的蔬菜供给体系。蔬菜产业已从昔日的“家庭菜园”逐渐发展成主产地农村地区经济发展的支柱产业。作为重要农产品之一，蔬菜具有农产品共同的特点。因此，本章从新古典的供需理论入手分析农产品供给理论，并在关注生产环节的基础上加入对流通环节的理论分析，同时结合局部均衡理论构建蔬菜空间均衡模型。据此，本章共分为六部分：第一部分是农产品供需理论；第二部分是供应链理论；第三部分是空间均衡理论；第四部分是农产品供给效应理论；第五部分是关于跨区域蔬菜供给的研究框架；最后是本章小结。

2.1　农产品供需理论

19 世纪 70 年代至 20 世纪 30 年代，剑桥学派的创始人马歇尔提出了“均衡价格理论”，即将 19 世纪 70 年代后期边际学派的主观效用价值论与古典经济学传统相结合，逐渐形成了现代微观经济学的基本框架。其应用到农产品供需理论分析中，具体包括农产品供给、农产品需求、农产品供给与需求弹性以及农产品供需均衡、蔬菜市场供需理论。

2.1.1 农产品供给

当农业生产经营者拥有出售某种农产品的欲望，同时他也具备提供这种农产品的能力时，就形成了农产品供给。相关因素发生变化时，会引起农业生产者供给量的变动，体现为农产品供给的变动，影响因素包括价格、生产技术水平以及生产者对未来的预期等，具体体现为：

价格因素可以进一步细分为三种类型。其中，对于农产品本身价格而言，价格上升，一方面，可以吸引农业生产者扩大生产，增加供给量；另一方面，可能会带来新的农业生产者，使生产人数增加，从而使农产品供给总数量增加。对于其他农产品的价格而言，可以考虑两种类型的农产品，分别为竞争性农产品和连带性农产品。其中，竞争性农产品是指在生产过程中会互相竞争资源的农产品，在一定资源条件下，一种农产品的供给量会与其竞争性农产品的价格发生方向相反的变化；连带性农产品是指在生产一种农产品过程中，也会连带着生产另一种农产品，一种农产品的供给量会与其连带性农产品的价格发生相同方向的变化。成本价格反映了生产过程中相关投入要素所产生的成本情况，生产成本上升会压缩农业生产者的利润空间，从而减少供给量。

生产技术的发展会提高资源利用效率，在同等资源条件下，产出会增加，从而增加农产品供给。

生产者对未来价格的预期也会影响农业生产者的供给行为，农业生产者在进行决策时不仅考虑当期收益情况，更是结合未来几年的发展情况进行综合判断，如果预计未来价格会上涨，农业生产者会将农产品更多分配给未来时期进行交易，从而减少当期供给量。

农产品供给可以表示为本身价格、相关农产品价格、农产品生产要素价格、生产技术水平以及生产者对未来的预期等多种因素的函数，当其他因素不变时，可以将农产品供给量与价格简化为一种简单的正向对应关系。

2.1.2 农产品需求

当农产品消费者拥有购买某种农产品的欲望，同时他也具备支付能力时，就形成了农产品需求。相关因素发生变化时，会引起农产品消费者需求量的变动，体现为农产品需求的变动，影响因素包括：

农产品自身价格发生变化时，会对农产品消费者产生两种效应：一方面是改变实际收入水平，体现为收入效应；另一方面是改变农产品之间的相对价格，体现为替代效应，两种效应共同作用使农产品需求量与其自身价格呈反方向变动。

消费者收入水平。农产品是居民生活必需品，其需求量增长具有一定的限度，随着消费者收入水平的提高，支出中用于食物部分的比例也会出现下降趋势。

消费者偏好。不同国家、不同文化背景的人偏好不同的农产品，即使在同一地区，消费者偏好也有可能经常发生变化。

广告规模。大规模的广告可以改变消费者的偏好，使其增加对某一种商品的需求。

人口数量和结构的变动。人口数量的增长会导致对农产品总需求的上升，同时，人口结构的改变也会对农产品需求产生影响。

农产品需求可以表示为以上影响因素的函数，当其他因素不变时，可以将农产品需求量与价格简化为一种简单的反向对应关系。

2.1.3 农产品供给与需求弹性

不同的农产品，其供给量或需求量对价格的反应是不同的，弹性分析正是对价格变动与供需量之间关系进行的定量分析。

农产品供给价格弹性反映了农产品市场供给量对其价格变动反应的敏感度。从长期来看，农产品供给价格弹性均为正值，根据弹性大小，可以依次划分为供给完全无弹性、完全有弹性、单位弹性、富有弹性以及缺乏弹性五种类型。农产品供给通常受自然条件影响较大，生产周期长，而且多为鲜活产品，不耐储存，因此，农产品供给弹性一般较小。

农产品需求价格弹性体现了农产品市场需求量对其价格变化反应的敏感度，根据弹性大小依次划分为需求完全无弹性、完全有弹性、单位弹性、富有弹性以及缺乏弹性五种类型。农产品需求弹性主要受消费者对某种农产品的需求程度、农产品替代品数目及替代程度、农产品在消费支出中所占的比重和消费者收入水平等因素的影响。

2.1.4　农产品供需均衡

供需均衡一般是静态分析，将时间因素纳入供需均衡分析框架中，借助相关弹性作为分析工具，可以对农产品供需均衡进行动态分析，这种分析方法被称为蛛网理论，即农产品供给量和需求量随着市场价格变动围绕均衡点呈现蛛网状波动的理论。根据农产品供给和需求弹性的不同，可以进一步将蛛网模型划分为收敛型、发散型和封闭型三种类型。

2.1.5　蔬菜市场供需理论

本书基于供需理论对蔬菜市场空间均衡进行分析。从单一市场入手，在蔬菜供给方面，影响供给的因素较多，本书选择蔬菜生产价格作为供给的影响因素；在蔬菜需求方面，选择蔬菜消费价格、居民人均可支配收入作为需求的影响因素；考虑到其他市场，每个市场的供需也会受到与其他市场价格差的影响，直至各市场间趋于均衡状态。

2.2　供应链理论

2.2.1　生产函数理论

西方经济学对生产行为的研究主要关注生产过程中投入与产出的关系，探究在一定条件下，生产者如何配置生产资源以达到产量最大化。随着现代生产理论的形成，生产函数作为新古典经济理论的支柱，已经成为对生产行为进行分析的基础和工具。

2.2.1.1　生产函数的基本形式

生产函数的基本形式如下：

$$Y = f(x_1, x_2, \cdots, x_n) \tag{2-1}$$

其中，生产过程中的投入要素叫生产要素，生产函数是生产理论的核心，农户是理性的生产者，生产目的是在既定的条件下实现成本最小产量最大，反映的是生产要素和产量之间的比例关系。

2.2.1.2　替代弹性定义

在给定的技术水平下，各生产要素对产出的影响不只与该生产要素的变化相关，还取决于与其他要素之间的替代或互补关系，可以用替代弹性来描述，要素替代弹性反映了要素之间替代的灵活程度，其数学表达式如公式（2－2）所示：

$$\sigma = -\frac{\mathrm{dln}(K/L)}{\mathrm{dln}(MP_L/MP_K)} = -\frac{\mathrm{dln}(K/L)}{\mathrm{dln}(r/w)} \tag{2-2}$$

2.2.1.3 生产函数形式的发展

通过生产函数的设定可以对现实生产活动进行模拟，生产函数就是对产出量与生产要素组合进行的模拟。依据替代弹性的大小对生产函数的类型进行划分。

生产函数模型的基本假定是关于生产要素之间替代性质的假设，随着假设不断向现实逼近，生产函数得到了不断的发展，由此出现了不同阶段的生产函数模型。

固定投入产出生产函数模型，假定劳动和资本之间是完全可替代的：

$$Y = \min[\delta K, (1-\delta)L] \tag{2-3}$$

柯布—道格拉斯生产函数模型，假定劳动和资本之间的替代弹性为1。该函数模型是1928年由数学家柯布和经济学家道格拉斯根据1899—1922年美国制造业有关数据构建出来的，具体函数形式为：

$$Y = AL^{\alpha}K^{\beta} \tag{2-4}$$

该生产函数的经济含义为：当$\alpha+\beta=1$时，α，β分别表示劳动所得在总产量中的份额和资本所得在总产量中的份额，反映的是劳动和资本在生产中的相对重要性。

常弹性CES生产函数模型，假定劳动与资本之间的替代弹性为常数。1961年Arrow，Chenery，Mihas和Solow四位学者提出了两要素CES生产函数模型，其替代弹性是固定的，但与参数有关，具体表达形式为：

$$Y = A[\delta K^{-\rho} + (1-\delta)L^{-\rho}]^{-1/\rho} \tag{2-5}$$

其中，A为比例参数，表示资本和劳动的联合效率，δ为分配参数，ρ为替代参数，$A>0$，$0<\delta<1$，$-\infty<\rho<-1$。

CES生产函数有固定的弹性，替代弹性为$\frac{1}{\rho+1}$。根据ρ的不同参数值，CES生产函数可以定义为不同的生产函数：当 $\rho=1$ 时，为线性生产函数；当 $\rho=0$ 时，为柯布—道格拉斯生产函数；当 $\rho=+\infty$ 时，为固定投入比例生产函数。

不同样本区间的替代弹性值各不相同，这使得该模型比柯布—道格拉斯函数更接近现实。

变弹性VES生产函数模型，假定劳动与资本之间的替代弹性为正数。该函数模型属于研究领域中的前沿领域，较为著名的是Sato、Hoffman和Revankar提出的模型，Revankar于1971年提出的模型为：

$$\sigma=\sigma(K/L)=\alpha+b(K/L) \tag{2-6}$$

人均VES生产函数为：

$$y=A\exp\int\frac{dk}{k+c[k/(a+bk)^{1/a}]} \tag{2-7}$$

在实际应用中，Revankar提出的模型可与不同样本点相结合，实际效用会更大。

超越对数生产函数模型是一个更具有一般性的变弹性生产函数模型。该函数模型是由L Chritensen、D Jorgenson和Lau于1973年提出的，它是一个简单线性模型，具有包容性，可以变换成任何形式的生产函数：

$$\ln Y_i=\beta_0+\beta_L\ln L_i+\beta_K\ln K_i+\frac{1}{2}\beta_{LL}(\ln L_i)^2+\frac{1}{2}\beta_{KK}(\ln K_i)^2+\beta_{LK}\ln L_i\ln K_i \tag{2-8}$$

如果 $\beta_{KK}=\beta_{LL}=\beta_{LK}=0$，则为柯布—道格拉斯生产函数模型；如果 $\beta_{KK}=\beta_{LL}=\beta_{LK}$，则为CES生产函数。可以根据其参数估计结果判断要素间的替代弹性。

2.2.1.4　蔬菜生产环节分析

蔬菜生产具有较强的季节性和周期性，从事蔬菜生产的劳动力必须按照生产时间完成全部工序，不能通过工序分工的形式来提高生产效率。这就使劳动力套牢在生产环节，对于蔬菜销售环节分配的时间较少，不能获得较高的收益，同时城镇化的发展提高了劳动力的机会成本，导致相当一部分年轻劳动力选择放弃种菜。如何协调劳动要素与其他生产要素之间的关系是影响蔬菜生产的关键因素，需要考虑劳动及其他要素之间的替代效应，通过替代关系的分析来挖掘生产潜力，探究农户选择不同生产要素组合的影响机制。

本书通过要素间的替代关系来揭示生产内部的运行机制。基于生产函数理论，通过构建更具一般意义的超越对数生产函数模型来探究北京市及主产地蔬菜种植户的生产投入与产出之间的关系，分析其生产潜力的主要来源。

2.2.2 流通经济学理论

马克思流通理论将流通从生产活动中分离出来，将其视为经济活动中的独立部分。马克思对流通进行了定义，他认为生产和流通之间存在既相互联系又相互制约的关系，生产对流通起决定作用，是流通的基础，同时流通为生产服务，也对生产起着反作用。由此，流通理论不断发展，逐步形成了制度经济学中交易费用理论以及供应链管理理论。

1937 年，科斯作为交易费用的奠基人，第一次提出交易成本，解释了企业为什么存在、企业对市场的替代以及企业扩大边界的极限等问题，并将其归纳为科斯第一定理。威廉姆森对交易成本概念做了进一步探讨，其所创立的交易成本经济学共包含四个基本概念：①市场与企业互为替代物；②交易成本与管理成本；③签订并履行复杂合同的交易成本会受到有关决策者性格的影响，同时市场的客观性也会改变交易成本；④环境不确定性、人的有限理性和机会主义会影响不同市场与企业内部的交易成本。

供应链理论是基于 20 世纪 80 年代初美国经济学家 Michael Porter 的价值链理论而提出的。一般认为，供应链是指物品从供应商到客户单向流动而信息双向流通的组织系统，而且随着信息化和物流化的发展，供应链不仅仅是联结生产者和消费者的物流链，更是一个需求链、增值链（李维安，2016）。通过“供应链”的联结，环节主体之间不仅仅是上下游关系，还可能存在复杂的合同关系，所有关联主体以同一步调进行产品的生产、流通、分销，从而降低交易成本，创造市场力量。

农产品供应链涵盖了从田间到餐桌、上下游各环节的供应链网络体系

（刘兵，2013；隋博文，2016）。由定义可知，农产品供应链由生产、收购、加工、批发和零售五个环节构成，涉及农户、企业、合作社、中间收购商、加工商、物流商、批发商、零售商、消费者等农产品供应链各环节主体，由它们共同完成蔬菜由农户到消费者的有效衔接（Jan，2005）。农产品供应链的基本结构如图 2－1 所示。

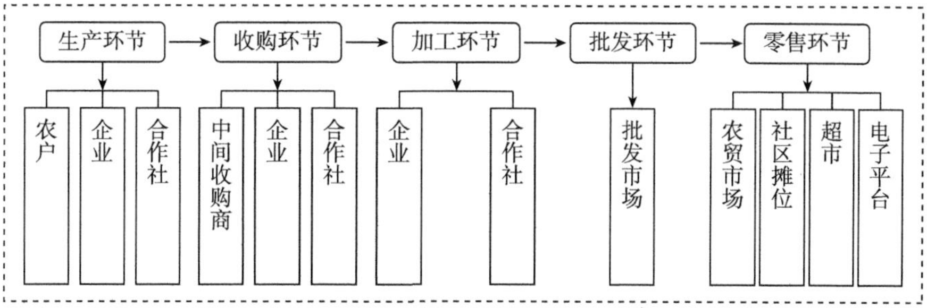

图 2－1　农产品供应链的基本结构

随着对流通关注的提高以及对削减交易成本和提高合作效率的诉求增多，农产品供应链中各主体之间的联结机制从一般传统的松散交易关系、契约关系以及合资关系逐步转变为伙伴关系或联盟关系。相应被引用的理论分别为马克思流通理论和交易成本理论。

近年来，企业、合作社及超市等现代流通模式已经出现，并呈显著增长的趋势，但是目前传统模式仍然占据主导地位。以北京市为例，以批发市场和农贸市场为主的传统模式在流通环节中处于核心地位，这种流通现状是与现阶段农户生产力相匹配的，与此同时，大多数农户具有重生产、轻销售的观念，传统模式仍然是销售的主要渠道。但是传统模式存在环节多、损耗大等弊端，据统计我国蔬菜每年损耗率大约为 25%，导致了流通环节成本过高。

本书基于农产品供应链、交易费用等理论，并结合流通成本、流通费用率以及生产者分得比率三个指标对不同供应链模式进行效率测算。所探讨的供应链模式是从农户到消费者的具体模式，农户不仅是生产主体，同时也是连接生产和流通的关键环节，因此，本书重点考察了农户视角下蔬菜供给模式的选择问题。

2.3 空间均衡理论

2.3.1 局部均衡理论

局部均衡理论也称局部均衡分析，是西方经济学中的一种分析方法，与一般均衡理论相对。为了更好地理解局部均衡理论，须先从一般均衡理论入手。一般均衡理论由法国经济学家瓦尔拉提出，即基于生产要素的供给函数和消费者的需求函数，一个经济社会中所有市场的供求关系与价格均处于均衡状态。一般均衡理论虽然在理论推导方面较为理想，但是在具体应用分析中也会遇到障碍，由此剑桥学派创始人马歇尔提出了局部均衡理论，只考虑单个或部分市场均衡。因此，在实践中所需变量、数据以及求解方程个数大大缩减，理论应用更加灵活与方便。

考虑到商品外部性和市场完全竞争性，局部均衡理论分析可以分为单一市场局部均衡模型和多市场、多区域局部均衡模型。单一市场局部均衡模型，是在商品不具有外部性以及市场处于完全竞争性条件下形成的，其理论框架就是新古典经济中的供需均衡理论，其模型由以下三个方程构成：

$$\text{需求方程}: D = D(P) \tag{2-9}$$

$$\text{供给方程}: S = S(P) \tag{2-10}$$

$$\text{均衡状态}: D = S \tag{2-11}$$

多市场、多区域局部均衡模型，是在商品存在外部性以及市场不完全竞争性条件下形成的，不同于单一市场局部均衡模型，该模型包含了多个市场和多个区域，且考虑不同市场、不同区域间存在紧密联系，模型可以进一步分解为多市场局部均衡模型和多区域局部均衡模型。

2.3.2 空间均衡理论的发展

对于一般意义上的运输模型，供给量和需求量是固定的，但是在实际生活中，商品供给和需求会受到各种因素影响而发生变化，其中，价格是主要的影响因素。为了使模拟的结果更接近实际情况，经济学家采用空间均衡模型来描述地区间的空间联动性，即在运输模型中引入价格变量。

空间均衡模型最早由 Samuelson 于 1952 年提出，后来 Takayama 和

Judge 于 1971 年完善，形成了现在标准的空间均衡模型，限制条件为达到均衡时，地区间价格差异与地区间运输成本相等，目标函数为社会总收益减去总运输成本的差额最大化。

2.3.3　空间均衡的理论基础

空间均衡模型研究的是在一定贸易空间内某种商品在不同地区之间的运输、供给、需求、价格弹性和供需平衡（见图 2－2、图 2－3）。

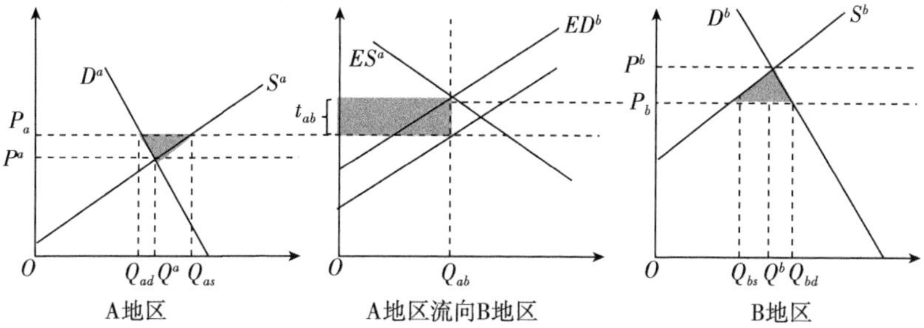

图 2－2　空间均衡模型的理论基础

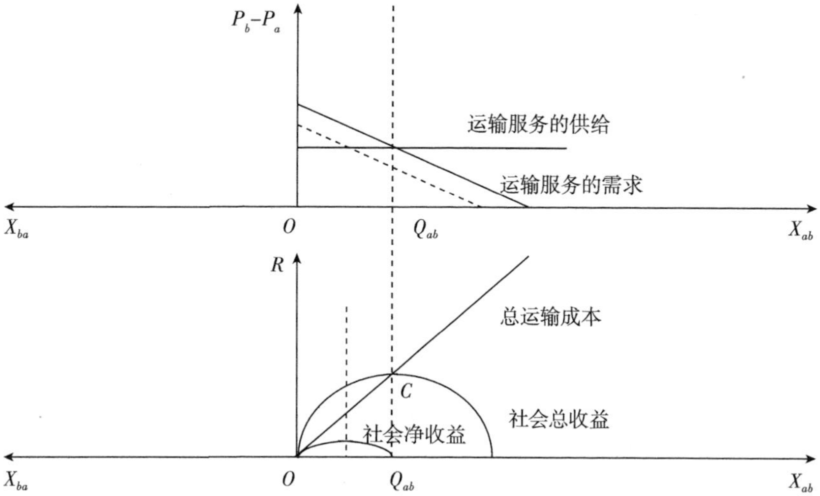

图 2－3　空间均衡模型理论中运输与目标函数

图 2－2 反映的是发生商品流通前后，不同地区间商品供给、需求以及价格的变化情况。发生流通之前，各地区是孤立的市场，它们的价格也因此没有任何联系；发生流通之后，价格在市场机制的调解下，处于均衡状态，且价格差异等于单位运输成本。

图2-3反映的是空间均衡目标函数的概念及其构成要素。在一定的约束条件下，从通过调整商品流通量在不同地区间的配置追求社会净收益最大化这一假设出发，建立了基于商品流通配置预期净收益最大化的空间均衡目标函数，从而把社会总收益、社会净收益和运输总成本三个变量引入函数。利用二次型凸函数的特性，求解空间均衡目标函数最大值。

2.3.4 蔬菜供给的空间均衡及地区结构分析

大流通观点下，以协调大城市自身蔬菜自给能力和提高全国蔬菜空间均衡供应能力为原则进行统筹生产布局，在开放的市场条件下，各地区不再是孤立的市场，而是相互联系的整体。蔬菜生产具有季节性而消费却是常年性的，这就客观要求消费地需要与外埠地区建立紧密的合作关系。大城市发展进程中，一方面，人口城镇化发展带来了蔬菜需求总量和需求结构的变化；另一方面，由于土地资源、劳动力要素投入减少，大城市自身供给能力出现下降趋势，面对供需矛盾，加强与外埠地区协调联系可以保障蔬菜的有效供给。目前，我国已经形成了华南与西南热区冬春蔬菜、长江流域冬春蔬菜、黄土高原夏秋蔬菜、云贵高原夏秋蔬菜、北部高纬度夏秋蔬菜、黄淮海与环渤海设施蔬菜等六大优势区域，呈现出栽培品种互补、上市档期不同的格局，以此提高蔬菜的供应能力。

空间均衡理论融合了局部均衡理论、新古典经济中的供需理论、生产函数理论以及流通理论。本书应用空间均衡理论来考察北京市蔬菜供给与其他地区间的联系，通过构建全国蔬菜空间均衡模型，模拟北京市及全国其他地区蔬菜生产和消费的基本格局以及区域间的流通情况，并分别从供给、需求和流通三个方面设定方案进行模拟，将各情景方案的模拟结果与基准方案进行比较，来分析北京市及其他地区蔬菜市场空间均衡格局的各种潜在的演变趋势。

2.4 农产品供给效应理论

2.4.1 农产品供给效应的概念与内涵

农产品供给是指蔬菜从生产者转移到消费者的路径或过程中所经历的所有环节。农产品供给不仅关系到能否满足人们对食物的需求，还涉及这些农产品供给是否经济合理以及对资源（水、土地、大气环境）带来的影响。本书将农产品供给带来的经济效应和资源效应定义为农产品供给效应。

本书主要关注经济和资源两方面产生的负面效应。对于经济效应，依据成本构成分析法，在确定研究对象的基础上，对农产品供给周期的所有环节进行总成本核算，通过经济距离测算出农产品供给的合理半径；对于资源效应，生态足迹、水足迹分别作为非货币化的生态系统评估工具，可以衡量食物来源区域真实的土地需求面积和水资源含量，量化人类对自然资源的利用程度，碳足迹可以用来量化人类活动对大气环境和气候变化的影响。

2.4.2　蔬菜供给效应的分析

北京市不断将其蔬菜供应赤字转移到外埠地区，相应地会带来经济成本、土地资源、水资源与大气环境的变化，其经济和环境边界的平衡取决于与外界物质和能量交换的通畅程度，因此选取经济和环境作为研究核心，以跨区转移的蔬菜供给作为切入点，以经济成本、生态足迹、水足迹和碳足迹作为衡量指标，力图揭示北京蔬菜供给对外埠经济和生态资源的影响作用。

2.5　关于跨区域蔬菜供给的研究框架

蔬菜的跨区域供给是一个较大的题目，本研究逻辑主线是，在进行理论分析的基础上，首先，从蔬菜主产地和供给模式上对蔬菜供给进行评价分析，回答是什么的问题；其次，运用空间均衡模型对不同因素的供给影响进行了模拟分析，回答为什么的问题；最后，从经济和资源视角分析了蔬菜供给效应和供给体系构建，回答如何做的问题。这样就形成了蔬菜跨区域供给研究较为系统的分析框架。

对主产地分析，分别运用灰色聚类和随机前沿生产函数对蔬菜地区比较优势和蔬菜产业内部生产要素替代关系进行了测算；对于供给模式分析，比较不同蔬菜供给模式的效率，并采用 Tobit 模型分析蔬菜种植户供给模式选择的影响机制；对供给影响模拟分析，基于空间均衡理论，构建全国蔬菜市场空间均衡模型，模拟北京市蔬菜供给与其他地区之间的相互联系，并通过情景方案的设置，分析因素变化时会对北京市蔬菜供给产生的影响；对供给效应分析，基于蔬菜供给地区结构现状和空间均衡模拟结果，从经济和资源视角对蔬菜供给效应进行分析；在此基础上，结合蔬菜主产地、供给模式、地区结构及供给效应四个方面对北京市蔬菜供给体系构建进行综合评价。

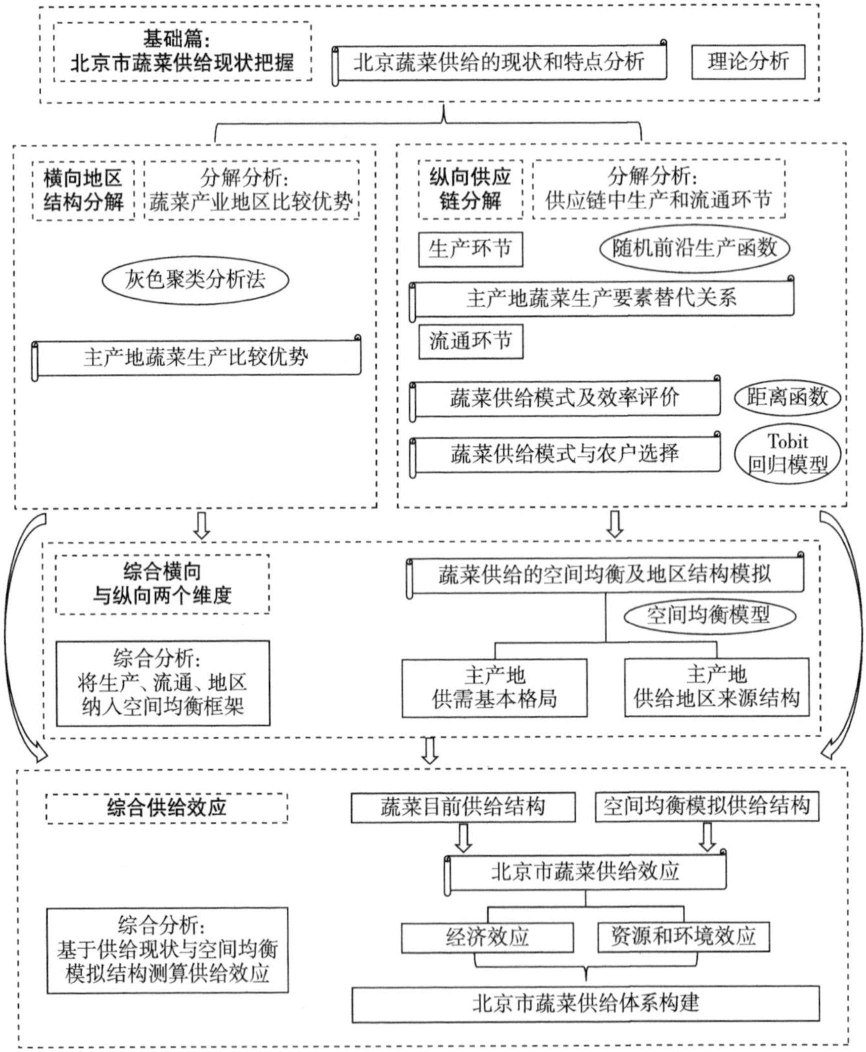

图 2-4　关于蔬菜跨区域供给的研究框架

2.6　本章小结

本章从蔬菜全产业链角度，分析了本地及外埠蔬菜供给，在理论基础中分别结合农产品供需理论、供应链理论、空间均衡理论和农产品供给效应理论等进行了分析。其中，农产品供需理论和农产品供应链理论是贯穿全书的基础理论；生产函数理论则是第 5 章的理论工具；农产品供应链理论是第 6 章、第 7 章的理论，局部均衡理论和空间均衡理论是第 8 章的理论工具，农产品供给效应是第 9 章的理论工具。从横纵两个维度对北京市蔬菜供给现状进行评价，在此基础上基于生产、流通以及地区结构构建空间均衡模型，综合横纵两个方面分析蔬菜供需的基本格局以及地区来源结构，最后分别基于目前供给结构和空间均衡模拟供给结构对蔬菜供给效应进行综合评价。

第3章　北京市蔬菜供给现状及特点分析

北京农业也面临着农产品市场需求扩大而生产空间缩小、产量规模较小而“卖难”现象时有发生的供需矛盾。蔬菜是北京农村经济的传统优势产业，是北京市“菜篮子”工程的重要组成部分，在大流通背景下，蔬菜供应的空间格局已发生根本性变化，跨区域蔬菜流通已成为基本趋势，自身生产与外埠供应地区生产共同构成北京市蔬菜的供给来源，关系着居民的饮食消费。

本章从生产与流通两个方面来摸清北京市蔬菜供给的现状，对于生产环节，从北京市自身生产和外埠供应两个方面把握北京市蔬菜供给的来源；对于流通环节，结合供给模式，摸清蔬菜在生产源头和零售终端之间如何进行联结。本章共分为四部分：第一部分是北京市自产蔬菜生产现状及特点；第二部分是北京市蔬菜供给的外埠地区来源；第三部分是北京市蔬菜跨区域供给模式；最后是本章小结。

3.1　北京市自产蔬菜生产现状及特点

自改革开放以来，随着经济发展、“菜篮子”工程建设以及近年来出台的一系列扶持北京市蔬菜生产的政策影响下，北京市蔬菜生产发生了较大变化，通过分析蔬菜生产的变动趋势、品种分布、地区布局、技术内容以及经营主体情况等方面，来把握北京市蔬菜生产的现状。

3.1.1　蔬菜生产的历史演变

自改革开放以来，随着经济发展及居民生活水平的提高，北京市蔬菜生产也发生了一定的变化，主要包括以下三方面：

3.1.1.1　蔬菜播种面积和产量的变动

30多年来，北京市蔬菜生产的播种面积经历了一个先上升再下降的过程。从图3－1可以看出，蔬菜播种面积从1978年的84万亩，增长到2002年的172.5万亩，增长了105.36%，年平均增长率为3.04%，其中1978—1985年，播种面积出现反复波动，基本在85万亩上下浮动，1986—1994年，播种面积开始显著增长，年平均增长率为5.79%，1995—1999年，播种面积增长较缓慢，年增长率仅为0.27%，2000—2002年恢复快速增长，年平均增长率为5.16%；2003年以后，开始进入下降趋势，播种面积从2003年的162万亩，下降到2014年的85.5万亩，下降了47.22%，其中2003—2006年，播种面积急剧下降，年平均下降率为13.05%，2007—2010年，播种面积稳定在102万亩，2011—2014年，出现下降趋势，年平均下降率为5.25%。

30多年来，产量也经历了一个先上升再下降的过程。产量从1978年的164.5万吨，增长到2002年的507.4万吨，增长了208.43%，年平均增长率为4.80%；2003年以后产量进入急剧下降阶段，2014年比2003年下降了51.47%。

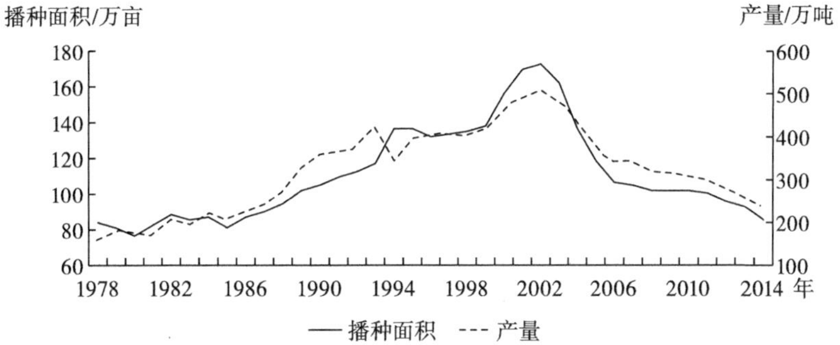

图3－1　北京市蔬菜播种面积的历史变动

数据来源：《北京统计年鉴》。

通过比较图3－1中代表播种面积及产量的两条曲线，蔬菜产量与播种面积之间呈大体相似的趋势，播种面积出现增长或下降趋势的年份，同时也是产量出现相同趋势的年份，说明播种面积所代表的土地要素是影响蔬菜生产的一个重要因素。

3.1.1.2 蔬菜单产的变动

从图3－2可以看出，30多年来，蔬菜单产虽然有所增长，但是增速相对缓慢，从1978年的1958.4公斤/亩增加到2014年的2762.6公斤/亩，年平均增长率仅为1.44%，而且波动变化较大，其中，1994年和2014年出现较大幅度下降。

由于蔬菜品种比较多，种植结构发生变化会对蔬菜单产水平产生一定的影响。北京市地处北方，20几年前，蔬菜种植偏好白菜、土豆等重量较大且耐储存的品种，但是近些年来，随着种菜技术以及种植设施的改变，偏好逐渐倾向于叶菜类等重量较轻的蔬菜品种。单产增速较缓可能与种植品种发生变化相关，但是可以看出，蔬菜产业为了更好地满足消费者多元化的需求，正在不断进行调整。

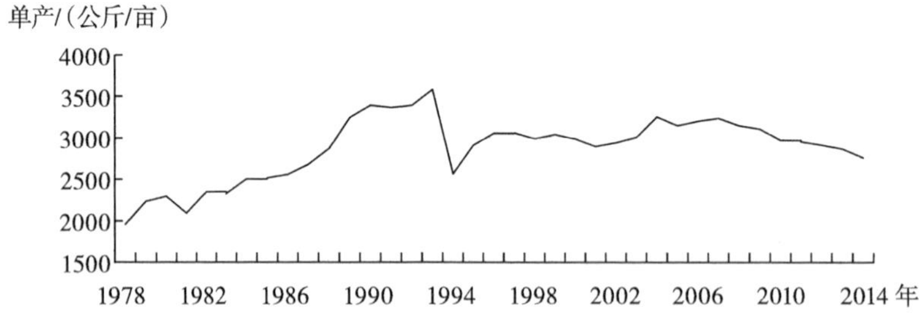

图3－2 北京市蔬菜单产的历史变动

数据来源：《北京统计年鉴》。

3.1.1.3 蔬菜产值占农业产值比重的变动

近30年来，北京市蔬菜产值占农业产值的比重处于不断波动中，总体来看呈上升趋势，从1986年的19.92%增加到2014年的41.94%，增长了22.02%，这说明北京市蔬菜产业在农业中的地位较为重要，而且成为提高农民收入的重要来源之一。其中，2003年作为一个转折点，1986—2003年比重处于不断增长的趋势，2003年比重最高，达到59.02%，之后逐渐下降，直到2011年，比重为36.42%，近三年又进入逐年增长的趋势。

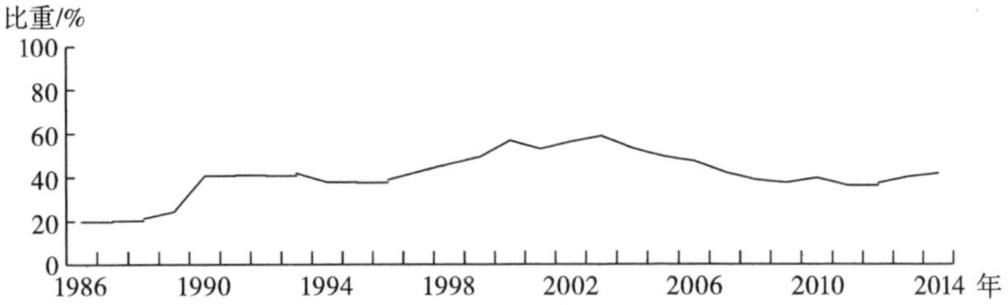

图3－3　北京市蔬菜产值占农业产值比重的历史变动

数据来源：《北京统计年鉴》。

3.1.2　蔬菜生产的品种结构

北京市蔬菜生产品种超过140种，播种面积在万亩以上的品种有20个，居前10位的蔬菜分别为番茄、大白菜、生菜、黄瓜、芹菜、普通白菜、茄子、菜豆、萝卜和菠菜，其播种面积占到总播种面积的65.6%。

我们将蔬菜品种划分为8个大类，分别为叶菜类、瓜菜类、块根块茎类、茄果类、葱蒜类、菜用豆类、水生蔬菜类和食用菌类。从图3－4、图3－5可以看出，叶菜类播种面积和产量是最多的，播种面积占蔬菜总播种面积的52%，产量占蔬菜总产量的48%，其次为茄果类和瓜菜类，播种面积分别占总播种面积的17%和10%，产量分别占总产量的21%和11%，接下来为块根块茎类、葱蒜类、菜用豆类、食用菌类和水生蔬菜类，分别占总播种面积的6%、5%、5%、3%和2%，播种面积相加才占总播种面积的21%，产量相加才占总产量的20%。因此，可以看出北京市蔬菜种植品种以叶菜类、茄果类和瓜菜类为主，播种面积和产量分别占到79%和80%，比重远大于一半以上。同时对比图3－4和图3－5，可以看出各品种蔬菜单产情况，单产最高为茄果类，其次为瓜菜类和食用菌类，接下来为根茎类、叶菜类、葱蒜类、菜用豆类、水生蔬菜类，叶菜类比重偏大导致单产增速较缓。

北京市蔬菜生产以叶菜类、茄果类和瓜菜类为主，这与北京市居民饮食结构息息相关。据农业农村部调查，居民日常消费中叶菜类、茄果类和瓜菜类分别占到消费总量的28%、16%和17%。随着人们越来越关注饮食健康，对蔬菜的新鲜程度、口感和安全性要求越来越高，叶菜类和茄果类

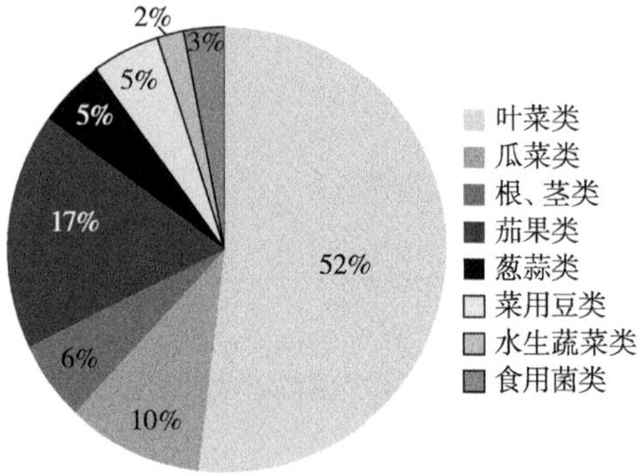

图 3－4　北京市蔬菜各品种播种面积构成

数据来源：根据北京市农业农村局相关统计资料数据计算得出。

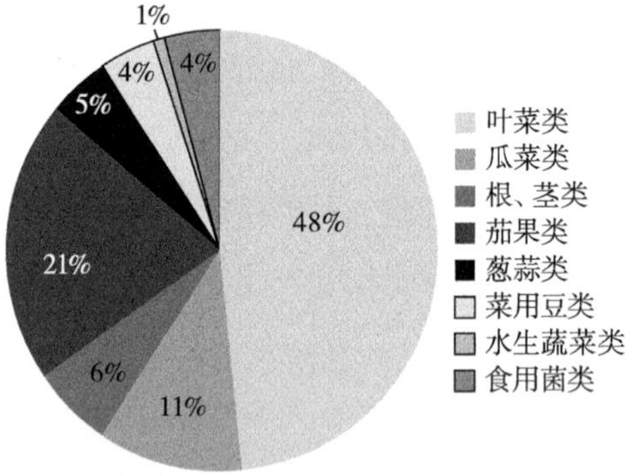

图 3－5　北京市蔬菜各品种产量构成

数据来源：根据北京市农业农村局相关统计资料数据计算得出。

相对于其他品种而言，属于不耐储存品种，其对流通时间和条件要求较高，北京市郊区倾向于种植这些相对不耐储存的蔬菜，提供给市区，而一些耐储存的蔬菜可以考虑依赖外埠的供应。

3.1.3　蔬菜生产的技术结构

蔬菜生产技术主要采用的是设施生产技术，北京市蔬菜生产主要包括露地生产和设施生产两种技术类型，其中设施生产还可以进一步划分为温室、大棚以及中小棚三种类型。近几年来，北京市逐步形成了以设施蔬菜为核心技术体系的蔬菜生产模式，截至 2014 年，蔬菜设施种植的播种面积为 46.5 万亩，产量为 108.4 万吨，设施播种面积的比重和产量的比重分别从2004年的12%、19%上升到2014年的55%、45%。

从图3－6可以看出，2014年设施蔬菜的播种面积为46.5万亩，占到总播种面积的55%，基本形成了以设施种植为核心的生产技术体系。在设施蔬菜生产中以温室种植为主，在蔬菜总体结构中所占比重为35%，占设施蔬菜总体的64%；其次为大棚种植，结构比重为17%，占到设施蔬菜播种面积的31%；最少的是中小棚种植，结构比重仅为3%。由此可见，菜农逐渐开始采用设施蔬菜种植，在设施蔬菜中比较倾向于采用温室设施技术，对中小棚设施技术采用率相对较低。

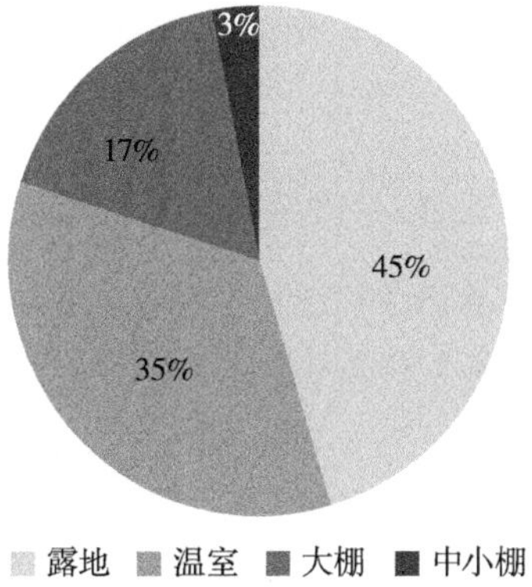

图3－6　北京市蔬菜设施类型及播种面积构成

数据来源：《北京统计年鉴》。

从图3－7可以看出，2014年设施蔬菜产量占到蔬菜总产量的46%，设施蔬菜发展迅速，但不容忽视的一点是，露地蔬菜产量占蔬菜总产量的54%，是本地蔬菜供应的重要组成部分。在设施蔬菜生产中，温室产量仍是主力，占到蔬菜总产量的30%，占设施蔬菜总产量的65%；其次为大棚种植，产量占到蔬菜总产量的14%，占到设施蔬菜总产量的30%；最少的是中小棚种植，产量仅占到蔬菜总产量的2%。通过比较图3－6、图3－7，可以看出露地蔬菜的单产水平略高于设施蔬菜的单产，这也是近年来设施蔬菜比重增大导致单产增速较缓的重要原因之一。

从图3－8可以看出，2014年蔬菜产值构成中，露地蔬菜占到44%，设施蔬菜占到56%，其中温室产值、大棚产值分别占蔬菜总产值的42%、

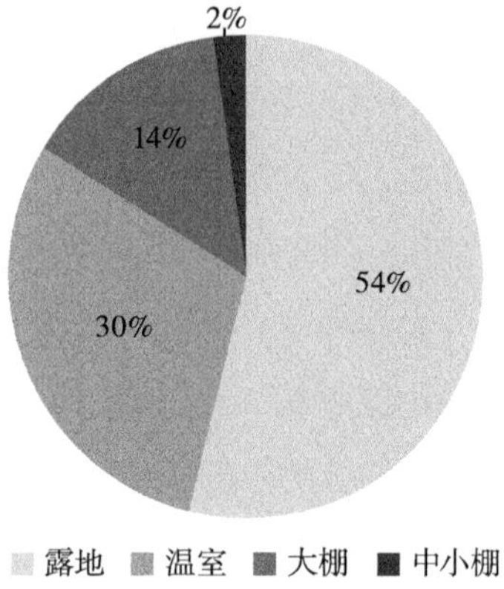

图3－7　北京市蔬菜设施类型及产量构成

数据来源：《北京统计年鉴》。

12%。通过比较图3－6、图3－7及图3－8可以得出，虽然设施蔬菜单产略低于露地蔬菜，但是设施蔬菜单价要高于露地蔬菜，露地蔬菜的平均单价为2.26元/公斤，设施蔬菜的平均单价为3.34元/公斤，平均每公斤高出1元，其中最高的单价为温室蔬菜，平均为3.88元/公斤，最低的为中小棚的单价，略低于露地蔬菜。设施蔬菜可以获得更高收益的原因在于：一方面，设施蔬菜成本高于露地蔬菜，成本拉动了价格提高；另一方面，设施蔬菜生产不受季节和天气制约，冬季往往是蔬菜供应减少的季节，受供需关系影响，价格出现上涨，因此设施蔬菜可以在这一时期获得相对较高的收益。

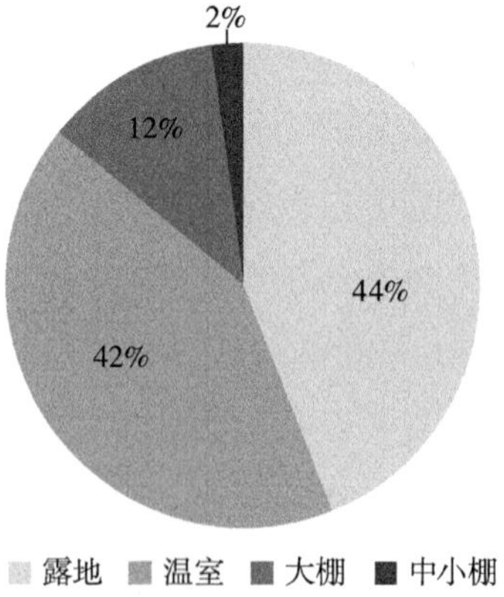

图3－8　北京市蔬菜设施类型及产值构成

数据来源：《北京统计年鉴》。

结合蔬菜品种结构视角来看生产技术结构，以主要品种叶菜类、茄果类及瓜菜类为例，从图 3－9、图 3－10、图 3－11 可以看出，设施蔬菜比重较大，茄果类蔬菜设施种植的面积占蔬菜总播种面积的 76%，叶菜类和瓜菜类设施蔬菜种植面积占总播种面积的 60% 左右。设施蔬菜的种植结构也不尽相同，叶菜类和瓜菜类生产中以温室种植为主，播种面积占到蔬菜总播种面积的 36%，其次为大棚种植，占比分别为 17% 和 19%；茄果类生产中温室和大棚播种面积大体相当，分别占总播种面积的 39% 和 35%。

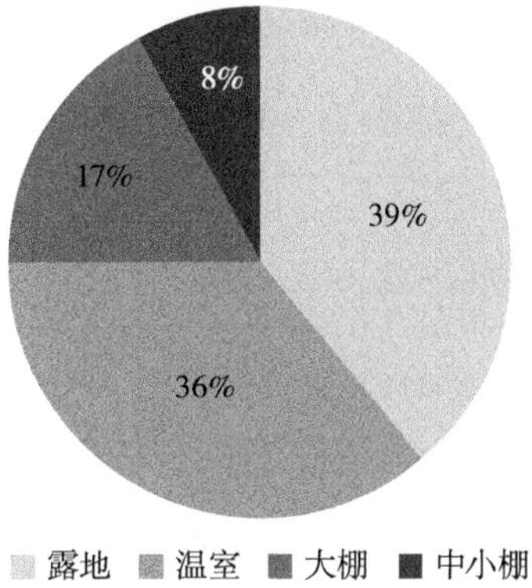

图 3－9　叶菜类设施类型及播种面积构成

数据来源：根据北京市农业农村局相关统计资料数据计算得出。

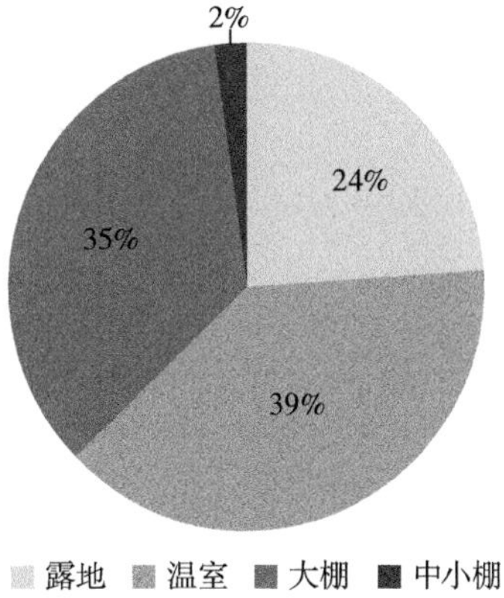

图 3－10　茄果类设施类型及播种面积构成

数据来源：根据北京市农业农村局相关统计资料数据计算得出。

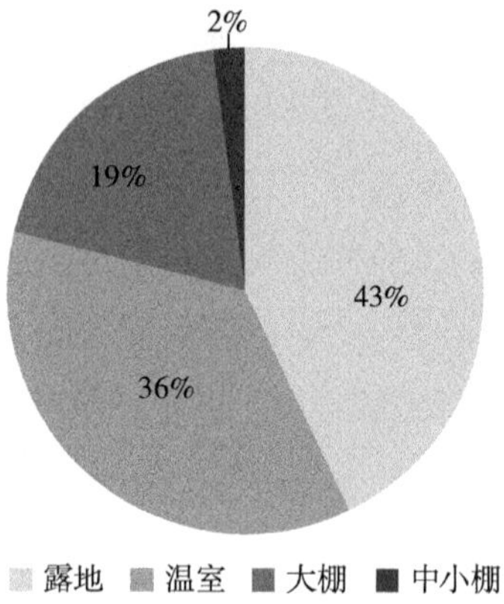

图 3 - 11 瓜菜类设施类型及播种面积构成

数据来源：根据北京市农业农村局相关统计资料数据计算得出。

3.1.4 蔬菜生产的内部地区结构

北京郊区资源禀赋、地理环境以及经济发展等差异导致各区域农业种植结构也不尽相同，蔬菜生产正不断向优势区域集中，形成了北京市蔬菜主产区域。其中面积和产量最高的为大兴区，接下来依次为顺义区、通州区、平谷区、房山区、密云区，这些区域是北京市蔬菜的主产区，2013 年这六个地区的播种面积和产量分别占全市的 89% 和 92%。近年来，北京市蔬菜主要六个生产地区播种面积和产量变化如图 3 - 12、图 3 - 13 所示。

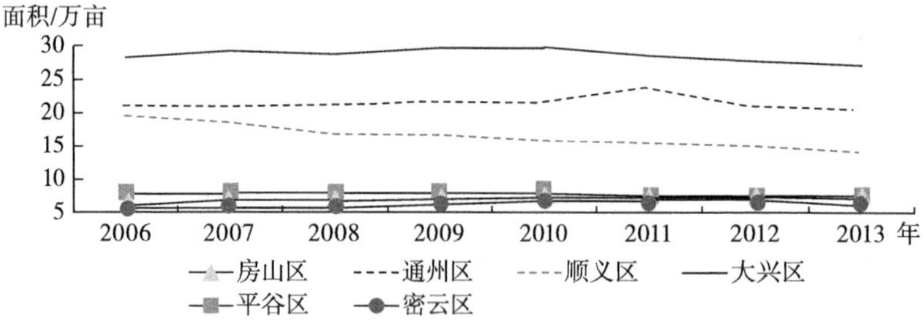

图 3 - 12 北京蔬菜主要生产地区播种面积的变化

数据来源：《北京区域统计年鉴》。

从图 3 - 12、图 3 - 13 可以看出，六个主要区域的播种面积总体变化不大。大兴区生产播种面积一直是最多的，2006 年占六个区域总播种面积的 32%；其次为通州区、顺义区，其播种面积分别占六个区域总播种面积

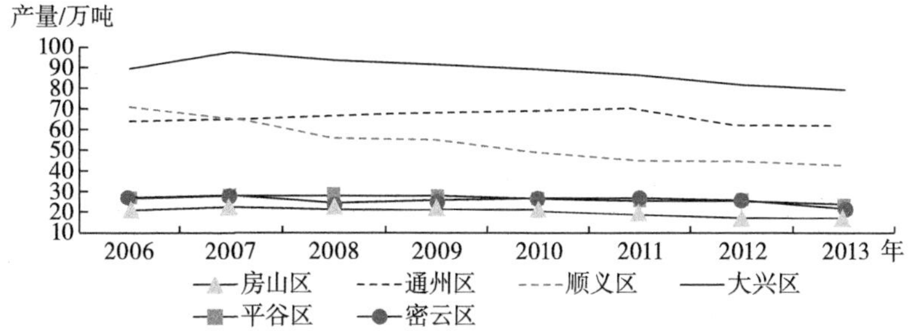

图3－13　北京蔬菜主要生产地区产量的变化

数据来源：《北京区域统计年鉴》。

的23.6%和21.9%；最后为平谷区、房山区和密云区，三个区域加起来占总播种面积的20%左右。其中，顺义区降幅最为明显，2013年比2006年面积下降了25.7%，相应地，其产量从2006年的69.9万吨下降到2013年的42.7万吨，降幅最大，为39%。

结合蔬菜品种结构视角来看生产地区结构（见表3－1），从地区种植结构来看，各地区种植品种与北京市整体种植品种一致，叶菜类、茄果类和瓜菜类都是每个区域种植的主要品种。从蔬菜品种来看，对于叶菜类、瓜菜类和茄果类主要品种而言，大兴区、通州区和顺义区是主要产区，除三大主要产区以外，其他地区品种分布情况：对于根茎类品种，平谷区播种面积排在第二位，占各地区根茎类总播种面积的18%；对于葱蒜类品种，房山区播种面积排在第二位，占各地区葱蒜类总播种面积的12%；对于菜用豆类品种，平谷区播种面积居为首位，占各地区菜用豆类总播种面积的29%；对于水生蔬菜类品种，房山区播种面积排在第二位，占各地区水生蔬菜类总播种面积的20%，通州区占比达78%，生产比较集中；对于食用菌类品种，房山区播种面积排在首位，占各地区食用菌类总播种面积的44%。大兴区、通州区和顺义区三大蔬菜主产区种植各品种蔬菜都具有优势，对于平谷区而言，优势蔬菜类型为菜用豆类和根茎类，对于房山区而言，优势蔬菜类型为食用菌类、水生蔬菜类和葱蒜类。

表 3－1　北京市蔬菜各品种播种面积各地区的排名

排名	叶菜类	瓜菜类	根茎类	茄果类	葱蒜类	菜用豆类	水生蔬菜类	食用菌类
1	大兴	大兴	大兴	顺义	大兴	平谷	通州	房山
2	通州	通州	平谷	大兴	房山	大兴	房山	通州
3	顺义	顺义	顺义	通州	通州	通州	顺义	顺义
4	房山	平谷	密云	房山	顺义	密云	密云	大兴
5	密云	密云	通州	平谷	平谷	顺义		平谷
6	平谷	房山	房山	密云	密云	房山		密云

数据来源：根据北京市农业农村局相关统计资料数据计算得出。

结合蔬菜技术结构视角来看生产地区结构，大兴区和通州区是北京市蔬菜主产地区，图 3－14、图 3－15 反映的是两地区生产技术结构。

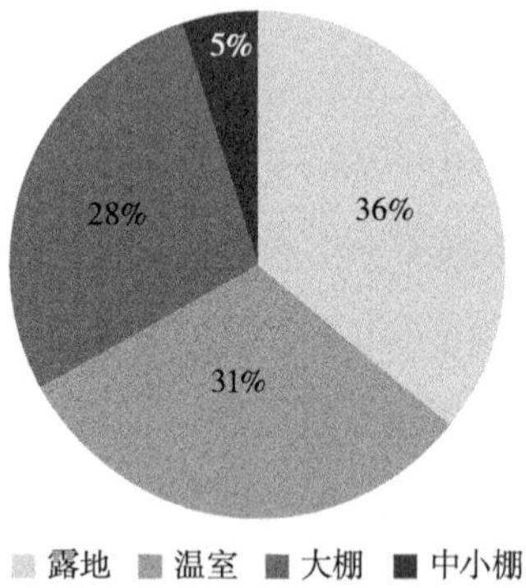

图 3－14　大兴区各生产技术播种面积构成

数据来源：根据北京市农业农村局相关统计资料数据计算得出。

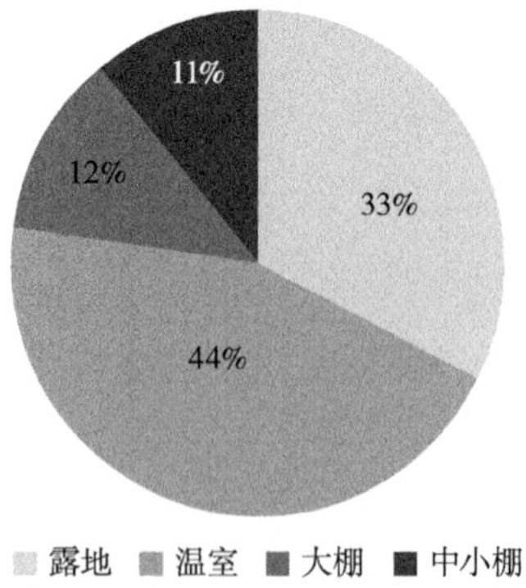

图 3－15　通州区各生产技术播种面积构成

数据来源：根据北京市农业农村局相关统计资料数据计算得出。

可以看出，设施蔬菜已经逐渐成为核心技术体系，设施蔬菜占比均在60%以上。其中，在设施蔬菜中，大兴区温室播种面积占到蔬菜总播种面积的31%，占到设施蔬菜播种面积的48%，其次为大棚，占到设施蔬菜播种面积的44%；通州区以温室设施为主，占到设施蔬菜播种面积的67%，比重达一半以上，大棚和中小棚两种类型占比相对平均。

3.1.5　蔬菜生产的经营主体

传统家庭经营是北京市农村的基本经营主体，而且仍然是重要组成部分（占总播种面积的45%），近几年来，一些新兴经营主体逐渐出现，代表性的有企业、合作社和家庭规模化经营人，分别占总播种面积的7%、27%、21%，共计2.7万个，涉及最小单元主体15.8万户（见图3－16）。

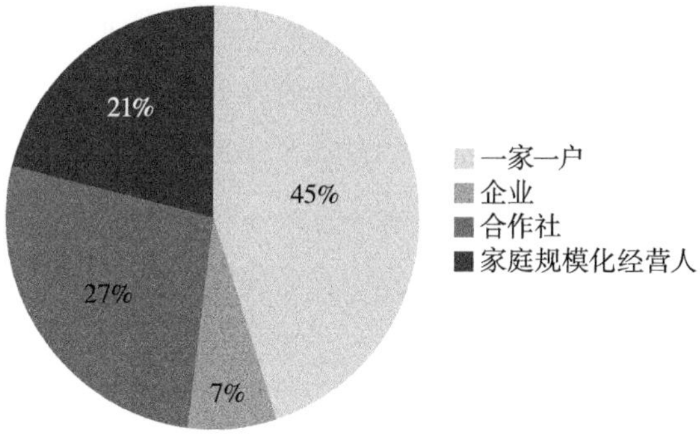

图3－16　北京市蔬菜各生产主体经营的播种面积构成

数据来源：根据北京市农业农村局相关统计资料数据计算得出。

3.2　北京市蔬菜供给的外埠地区来源

蔬菜市场发育程度不断提高，在大流通背景下，蔬菜供应的空间格局已发生根本性变化，外埠供应成为基本趋势。因此，有必要了解北京市外埠蔬菜的供给结构及其生产现状。

3.2.1　蔬菜供给的地区来源结构分析

近几年来，北京市本地蔬菜上市量总体比较稳定，每年约为14万吨，约占市场蔬菜上市总量的12%。其中，夏秋两季本地上市量相对较大，供应比例可以达到13%以上，冬春两季本地上市量相对较小，供应比例约为

11%。北京市本地蔬菜40%经由批发市场进入本市，其余60%主要流向地头市场、农贸市场、超市等，批发市场是本地蔬菜上市的主要流通渠道。图3-17反映了北京市本地蔬菜近几年月度上市量变化情况。

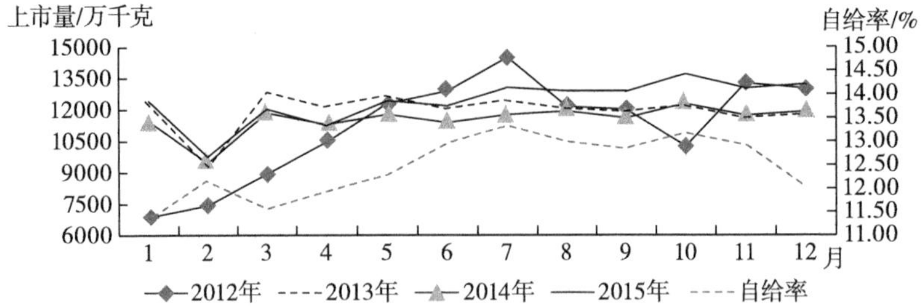

图3-17　北京市本地蔬菜近几年月度上市量的变化情况

数据来源：根据北京市市场协会相关统计资料数据计算得出。

图3-18反映的是北京市批发市场蔬菜来源分布情况。可以看出，北京市作为特大城市，其自身蔬菜供给量约为10%，所需大部分蔬菜由外埠地区供应，其中河北、山东和辽宁为蔬菜主要来源地，对北京市蔬菜市场供应比例分别为34.8%、26.4%和4.9%，总计占到66.1%。同时可以发现，三个来源地均位于北京市周边，具有便利的交通条件，加上自身都是蔬菜生产大省，是北京市“菜篮子”工程的有机组成部分，对保障北京市蔬菜供应起到了重要作用。

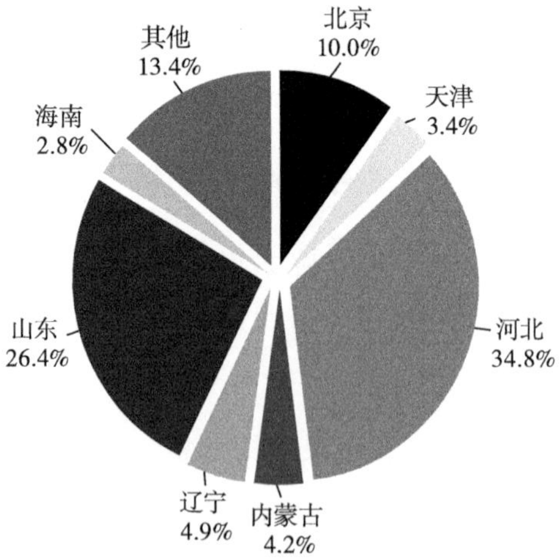

图3-18　北京市批发市场蔬菜来源分布

数据来源：根据北京市农业农村局相关统计资料数据计算得出。

此外，北京市批发市场蔬菜来源地具有显著的时间和地域特征（见图 3－19至图 3－22）。其中，冬春季（每年 12 月至次年 4 月）北京市场蔬菜来源以山东为主，占比为 27.25%，其次为河北及南方四省区（海南、广东、广西、云南），再次为北京和辽宁，北方的设施蔬菜和南方的露地蔬菜成为这个时期北京蔬菜的主要来源；春夏季（每年 5 月、6 月）蔬菜来源以河北为主，占到总体的 32.44%，山东也是重要来源地，占比为 27.25%，其次为北京、辽宁、南方四省区，随着天气转暖，北方设施蔬菜逐渐转为露地蔬菜，同时南方进入北京市场的比例逐渐下降；夏淡季（每年 7 月至 9 月）蔬菜来源地主要分布在北方冷凉地区，河北张家口、承德的大白菜、圆白菜、菜花等陆续上市，总量占北京市上市蔬菜总量的 37%，山东、北京、辽宁、内蒙古、天津对北京市场供应形成了有力的补充；秋季（每年 10 月、11 月）蔬菜来源地以河北和山东为主，分别占到 30.28%、26.32%，这个时期蔬菜供应相对充足，北京及其周边地区辽宁、天津、内蒙古也有大量蔬菜进入市场。

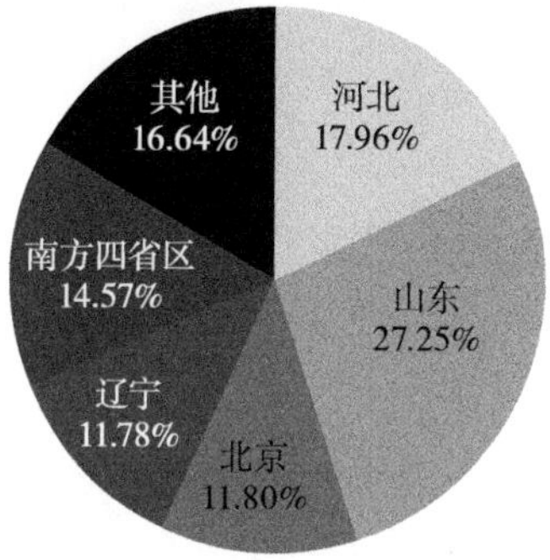

图 3－19　冬春季北京市批发市场蔬菜来源分布

数据来源：根据北京市农业农村局相关统计资料数据计算得出。

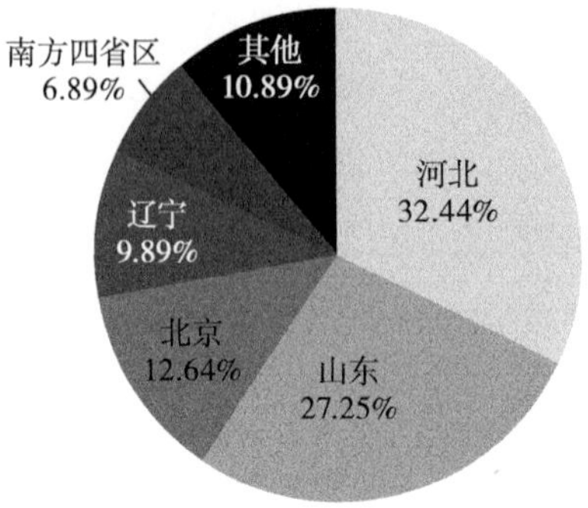

图 3-20　春夏季北京市批发市场蔬菜来源分布

数据来源：根据北京市农业农村局相关统计资料数据计算得出。

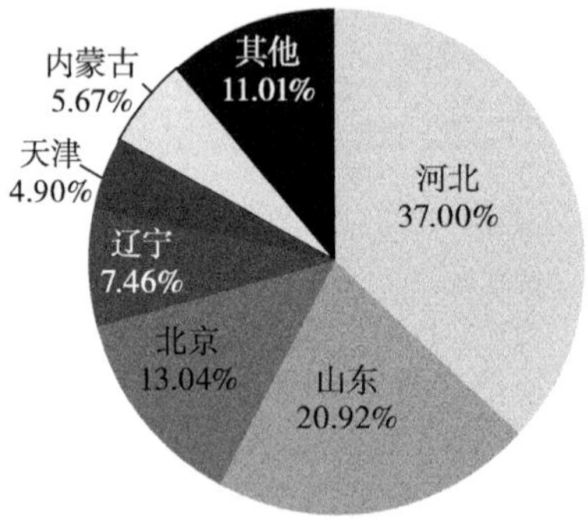

图 3-21　夏淡季北京市批发市场蔬菜来源分布

数据来源：根据北京市农业农村局相关统计资料数据计算得出。

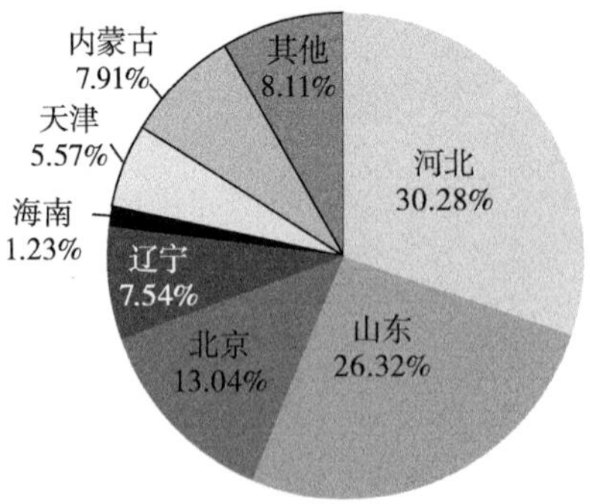

图 3-22　秋季北京市批发市场蔬菜来源分布

数据来源：根据北京市农业农村局相关统计资料数据计算得出。

3.2.2　蔬菜供给地区的生产现状及结构特点

通过对北京市蔬菜供给地区来源结构的分析，可以看出北京市外埠蔬菜供给来源于河北、辽宁、山东、天津、海南五个地区，这些地区冬春季光资源相对丰富，交通便利，适宜发展设施蔬菜，同时夏秋季可种植露地蔬菜，外销品种丰富，销往全国各地。图 3 – 23、图 3 – 24、图 3 – 25、图 3 – 26 分别从播种面积、产量、单产、产值四个指标对五个地区蔬菜生产现状进行分析。

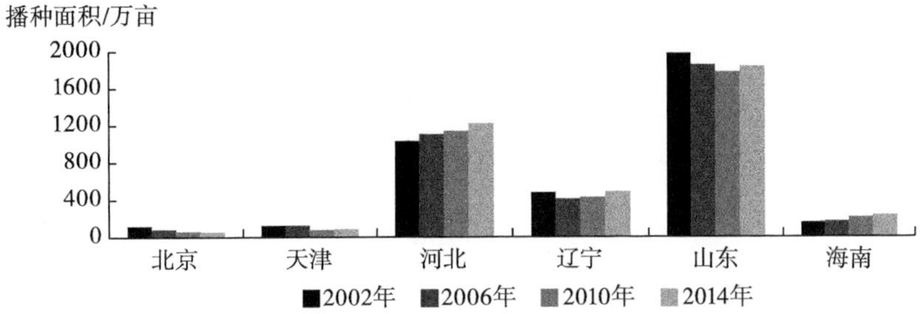

图 3 – 23　供给地区的蔬菜播种面积

数据来源：《中国统计年鉴》。

从图 3 – 23 可以看出，近十几年来，河北、辽宁、海南的播种面积呈增长趋势，其中，海南地区的播种面积增长迅速，2002—2014 年，海南、河北、辽宁蔬菜播种面积分别增长了 48.97%、18.61%、2.31%；天津、山东播种面积近年来呈下降趋势，2002—2014 年，天津、山东播种面积分别下降了 29.98%、7%；北京地区从 2002—2014 年播种面积下降幅度最大，为 49.22%。通过比较 2014 年各供给地区的播种面积发现，山东和河北播种面积在全国排名分别为第一位和第四位，可以看出北京蔬菜供应地区主要集中在环渤海地区，这五个供给地区播种面积比重占到全国的 20%，它们是我国蔬菜的主产地。

从图 3 – 24 可以看出，近十几年来，河北、辽宁、山东、海南的蔬菜产量均呈增长趋势，其中海南的产量增长迅速，2002—2014 年，海南、河北、辽宁的蔬菜产量分别增长了 97.34%、48.35%、48.35%；山东地区增长相对缓慢，2014 年产量比 2002 年增长了 19.65%，天津产量近年来呈

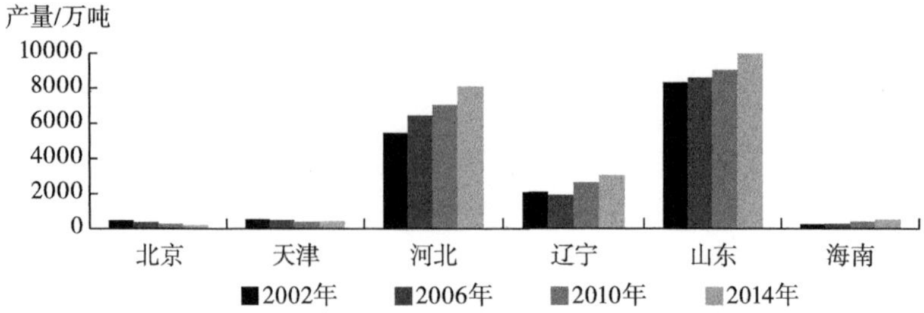

图 3－24　供给地区的蔬菜产量

数据来源：《中国统计年鉴》。

下降趋势，2002—2014 年下降了 21.24%；北京地区从 2002—2014 年产量下降幅度最大，为 53.36%。通过比较 2014 年各地区的产量发现，山东、河北蔬菜产量最大，分别位于全国第一位、第二位，占到全国产量的 23% 以上。环渤海区域比较适宜种植蔬菜，在气候和水资源方面具有比较优势。

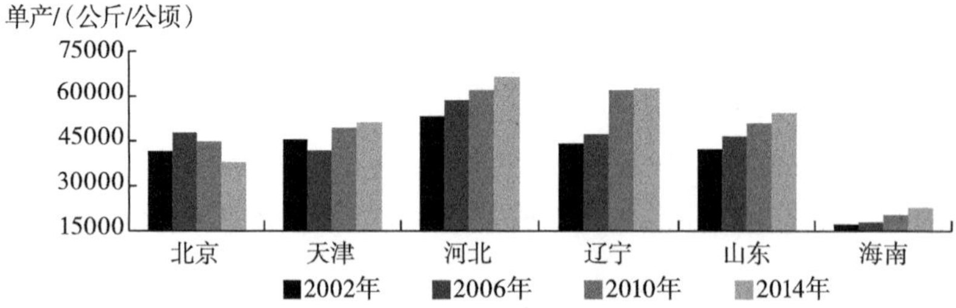

图 3－25　供给地区的蔬菜单产

数据来源：《中国统计年鉴》。

从图 3－25 可以看出，近十几年来，五个供给地区的蔬菜单产水平均呈增长趋势，其中河北地区单产水平最高，辽宁地区单产水平也较高，而且近几年来增速最大，从 2002 年每公顷的 44177.59 公斤增长到 2014 年的 62793.74 公斤，仅次于河北地区，山东、天津地区单产位于中间水平，海南地区单产水平最低。通过比较 2014 年各地区的单产发现，环渤海区域在单产水平上具有比较优势，而海南地区单产不到天津地区的一半，单产水平的差异可能与地区间种植品种不同有关。

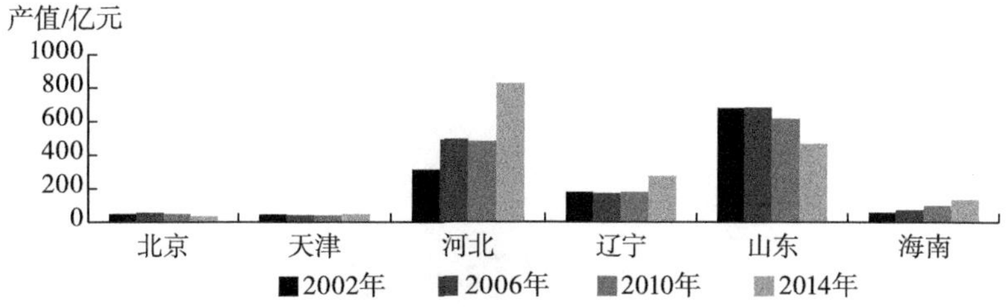

图 3－26　供给地区的蔬菜产值

数据来源：《中国统计年鉴》。

注：为避免通货膨胀对统计数据影响，以 2000 年作为基期，用蔬菜生产价格指数对产值进行平减，得到蔬菜实际产值。

从图 3－26 可以看出，近十几年来，河北、辽宁、海南地区的蔬菜产值水平均呈增长趋势，其中河北地区产值最高，山东地区产值水平也较高，环渤海地区蔬菜产值排名在全国地区中都比较靠前。由于蔬菜生产属于资本密集型产业，同时部分蔬菜品种对生产设施依赖性很大，有利于提高产品品质和价格，可以说，蔬菜产值在一定程度上与经济发展程度存在相关性。

3.2.3　北京及其供应地区生产现状的比较

图 3－27 和图 3－28 分别对北京及其供应地区 2014 年蔬菜生产播种面积、单产进行比较分析。

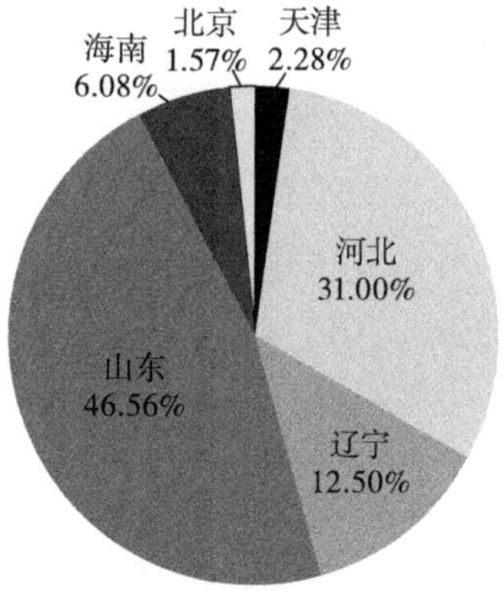

图 3－27　北京及其供应地区蔬菜播种面积构成

数据来源：《中国统计年鉴》。

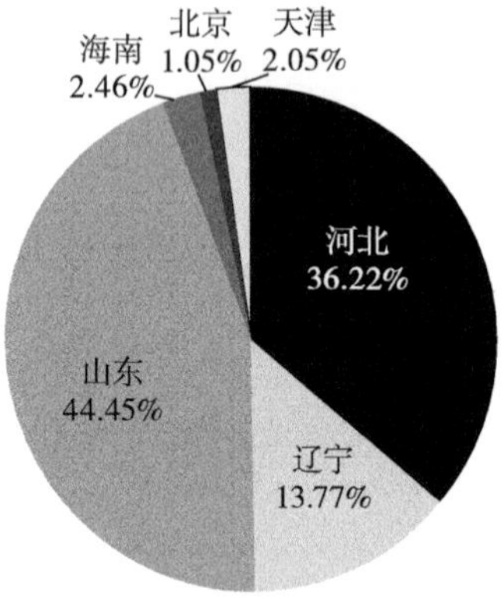

图 3－28　北京及其供应地区蔬菜产量构成

数据来源：《中国统计年鉴》。

北京及其供应地区蔬菜种植以山东、河北两省为主，占到总播种面积和总产量的 70% 以上，北京市的播种面积和产量在其供给地区中所占比例最少，分别占到地区总体的 1.57% 和 1.05%。北京市生产规模小同时需求量大的特点决定了其蔬菜供给主要依赖外埠，五个供应地区是北京市蔬菜供给主要来源地，这些地区的蔬菜生产规模与发展现状会对北京市蔬菜供给产生重要的影响。从上文生产现状来看，这些地区单产水平高，同时环渤海区域是设施蔬菜优势区，蔬菜种植技术水平比较先进。以番茄为例，图 3－29 和图 3－30 分别为露地番茄和设施番茄每亩生产成本及成本收益率情况。

对于露地番茄（见图 3－29），北京及其五个供应省市中除北京和天津地区成本收益率低于全国平均水平外，其余地区均高于全国水平，其中山东最高，河北、辽宁次之，海南排在第四位，最后依次为北京、天津。同时可以看到，六个省市总成本由低到高依次为：天津＜河北＜辽宁＜山东＜北京＜海南。根据农业生产要素性质的不同，可将总成本进一步细分为物质与服务费用、人工成本、土地成本，其中，物质与服务费用代表生产过程中各项农资投入和机械折旧。人工成本是构成该区域蔬菜生产总成本的主要部分，天津比例最高为 74%，之后依次为辽宁、山东、北京、河北，分别占到总成本的 69.34%、68.38%、65.52%、64.29%，海南比例最低，为 48.39%；物质服务费用是总成本中的第二大部分，海南比例最高，为 47.11%，之后依次为北京、河北、山东、辽宁，分别占到总成本的 27.56%、26.09%、23%、22.33%，天津比例最低，为 18.94%；土地成本在总成本中比重最小，平均比重为 5.37%。

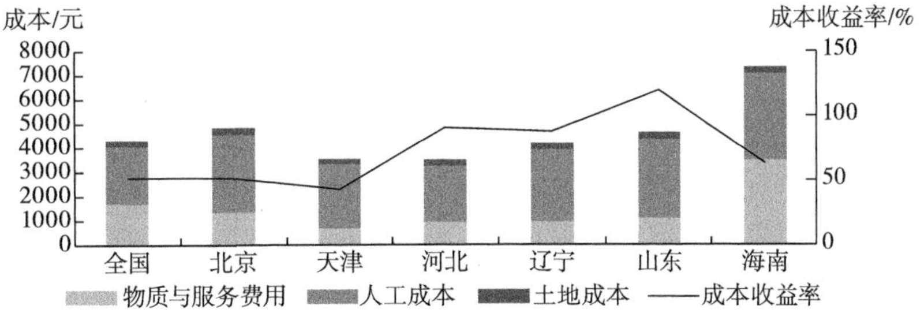

图 3－29　北京及其供应地区露地番茄每亩成本和成本收益率比较

数据来源：《全国农产品成本收益资料汇编》。

对于设施番茄（见图 3－30），海南地区不生产设施蔬菜，比较北京及其四个供应省市情况，其中除天津地区成本收益率高于全国平均水平，高达 143.51%，其余地区均低于全国平均水平。同时可以看到，五个省市总成本由低到高依次为：天津 < 北京 < 山东 < 河北 < 辽宁。人工成本仍然是构成地区设施番茄生产总成本的主要部分，天津比例最高为 67.28%，之后依次为河北、山东、辽宁、北京，分别占到总成本的 57.61%、52.31%、47.1%、45.80%；物质服务费用是总成本中的第二大部分，天津、河北这一比例略低，分别为 26.89%、37%；土地成本在总成本中比重最小，平均比重为 4.02%。

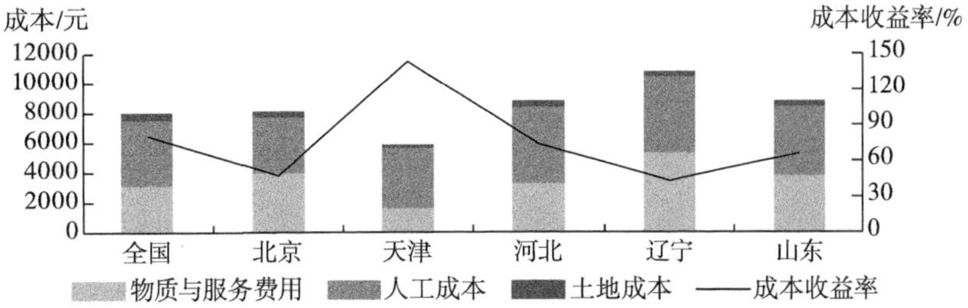

图 3－30　北京及其供应地区设施番茄每亩成本和成本收益率比较

数据来源：《全国农产品成本收益资料汇编》。

通过比较五个供应地区蔬菜生产播种面积、产量、单产和产值等指标发现，该五个地区蔬菜产地相对集中、气候适宜、资源丰富，蔬菜产量和产值较大，加上采用设施蔬菜种植，因此具有较强的单产优势。北京市位于的环渤海供应区域，具有良好的资源和环境条件，适宜种植，但是受其自身面积所限，其生产规模较小。同时从成本收益视角来看，北京在六省市中蔬菜投入相对较大，收益相对较小，无论是露地番茄还是设施番茄，成本收益率都不高，均低于全国平均水平，相对于其他地区而言，北京市属于高投入、低产出生产区。

3.3 北京市蔬菜跨区域供给模式

蔬菜供给模式是指蔬菜通过一系列相互依存的组织（或个人）从蔬菜生产地转移到蔬菜消费地的途径、过程以及相互关系，不同的途径或过程形成了多种蔬菜供给模式，从而构成了多样化的流通体系。

北京市是一个拥有2170万常住人口的特大型消费城市，其自身蔬菜供给量约为10%，所需大部分蔬菜由外埠地区供应，其中河北、山东、辽宁、海南、天津为蔬菜主要来源地。在对经营主体进行分析时，可以发现一家一户分散经营仍然是蔬菜生产销售的主要形式，那么蔬菜种植户是蔬菜供给模式中的关键部分。目前，衔接农户与市场之间的蔬菜供给模式呈现二元平行发展的特点：一种是中间收购商介入的传统供给模式，这是目前存在最广泛的供给模式，蔬菜中间收购商一般由本地或外地专门从事蔬菜贩运和批发零售的群体组成，蔬菜生产出来后首先卖给他们，他们小范围批量收购后再将蔬菜转卖给上一级的批发商，批发商再转卖给零售商，完成农产品的流通，进一步可以分为以各级农产品批发市场为核心或以地头市场为核心，以社区市场、农贸市场、企业、机关为零售终端的传统供给模式。另一种是连锁超市介入的现代供给模式，在这种模式中，农户直接和企业或是合作社签订合同，形成订单农业，农户按照订单要求生产，将产品卖给企业或合作社，企业或合作社将产品转卖给批发商，批发商再卖给零售终端，或是农户合作社与超市直接对接，对产品实行基地直采形式。

3.3.1　中间收购商介入的传统供给模式

3.3.1.1　以农产品批发市场为核心的供给模式

农产品批发市场是我国农产品上市的主要渠道，在商品集散、价格形成、信息发布等方面发挥着重要作用。产地批发市场主要设立在农产品主产区，具有“买本地、售全国”的经营特征，在山东、河北等农产品主产区，存在大量的产地批发市场，比较有代表性的是山东寿光物流园；销地批发市场通常设立在人口密集、经济发展较快的城市，具有“买全国、售本地”的经营特征，在北京、上海、广州、深圳等特大城市，比较有代表性的是北京新发地批发市场；中转批发市场由产地批发市场发展而来，同时具有较为便利的交通条件，作为产品中转市场，具有“买全国、卖全国”的经营特征，比较有代表性的是山东寿光农产品批发市场。

销地批发市场是北京市蔬菜上市的主要渠道，约有 60% 的蔬菜经由北京新发地农产品批发市场流向本市。经过多年的发展，北京市已经基本形成九大最具代表性的批发市场，分别为新发地、大洋路、城北回龙观、顺鑫石门、昌平水屯、通州八里桥、农产品中央、京丰岳各庄、锦绣大地。不同的流通环节和流通主体相互交织形成了以下两种供给模式：

模式一：本地农户 + 中间收购商 + 销地批发市场 + 零售市场 + 消费者（见图 3 - 31）。

该模式适用于本地自产（或是距离较近的蔬菜主产地）蔬菜。该模式主要包括四个环节，首先中间收购商将蔬菜从农户手中进行收购并包装，在该模式下，将包装后的蔬菜直接运往销地批发市场，这里的销地批发市场可以是一级大型批发市场（新发地批发市场）或是二级批发市场（清河小营批发市场），收购商将蔬菜直接卖给市场中的摊主，蔬菜主要由农贸市场和超市两种方式销售给消费者。

图 3 - 31　以销地批发市场为核心的供给模式

模式二：外埠农户＋中间收购商＋产地批发市场＋销地批发市场＋零售市场＋消费者（见图3－32）。

该模式适用于外埠地区蔬菜。该模式主要包括五个环节，首先中间收购商或合作社将蔬菜从农户手中进行收购并包装，与模式一不同的是，在该模式下，将包装后的蔬菜先运往产地批发市场，然后蔬菜通过雇用车辆或自有车辆两种方式再从产地批发市场运往销地批发市场，进入销地批发市场后，零售商选择价格较为合理、蔬菜比较新鲜的批发商进行交易，最后通过零售终端进行销售，采用这种模式供给的蔬菜主要来自山东、河北等地；此外，也有一些外埠地区收购商从农民手中完成采购后，不经过产地批发市场，直接进入销地批发市场，采用这种模式的供给蔬菜主要来自海南等地。

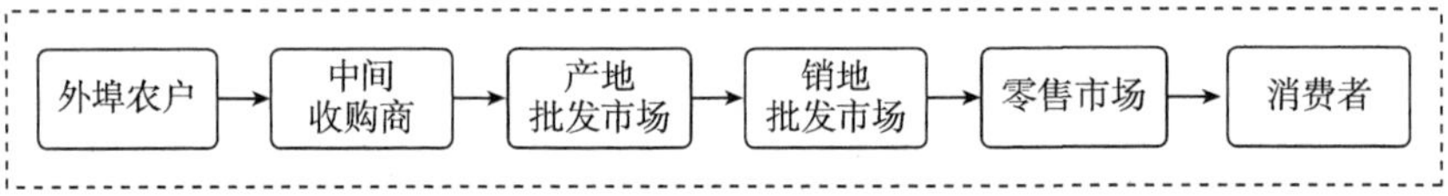

图3－32　以产地—销地批发市场为核心的供给模式

3.3.1.2　以地头市场为核心的产销对接供给模式

地头市场主要分布在蔬菜种植比较集中的农村村头，一方面，有利于蔬菜种植户进行销售；另一方面，每个村庄都有主要种植品种，相应地，地头市场也会有主导农产品，可以方便蔬菜中间收购商进行集中收购。

模式三：农户＋地头市场＋中间收购商＋销地市场＋消费者（见图3－33）。

这种供给模式，不经过批发环节，零售商直接与蔬菜种植户在地头市场进行交易，实现了产销对接，减少了中间环节，因此降低了中间环节成本。

图3－33　以地头市场为核心的供给模式

3.3.2　连锁超市介入的农超对接供给模式

超市也逐渐成为北京市居民购买蔬菜的重要场所，特别受到中高端消费者的青睐，蔬菜供给模式主要有两种形式：一种为综合超市设立生鲜蔬果区，在超市中设立了专门的蔬菜销售区，比较具有规模的有家乐福、物美、超市发等，一般情况下，生鲜品毛利低、损耗大，利润较其他商品偏低；另一种为专门的生鲜超市，它们大多是由传统菜市场、农贸市场升级改造而形成的，商品大多是基地直采，降低了成本，同时产品可追溯，保障了食品安全，优化了购物环境，比较具有规模的有永辉超市、首食生鲜、果蔬好等。

模式四：农户 + 合作社 + 连锁超市 + 消费者（见图3－34）。

农超对接供给模式是以农民合作社作为桥梁连接农户和市场，这种模式中，农户直接与合作社或企业签订合同，形成订单农业，农户按照订单生产，由合作社来收购，并配送到连锁超市，中间环节较少，与前几种蔬菜供给模式相比，环节之间联结较为紧密，既可以保证农产品质量安全，又具有安全可追溯性。

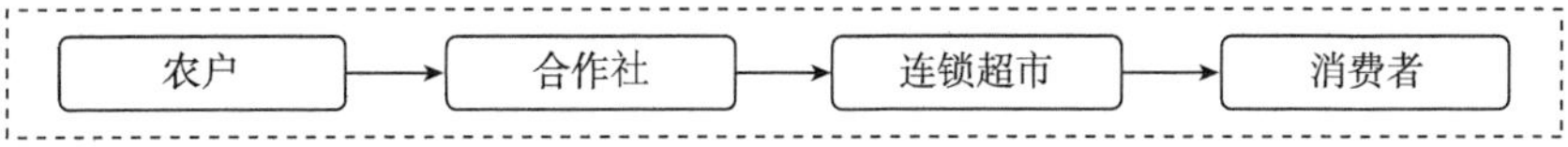

图3－34　连锁超市介入的现代供给模式

3.3.3　供给模式的SWOT分析

以农产品批发市场为核心的供给模式、以地头市场为核心的产销对接供给模式均属于中间收购商介入的传统供给模式，其终端零售商主体大多为农贸市场，农贸市场可以为居民提供新鲜且价廉的蔬菜，是蔬菜购买的主要场所，具有一定的市场竞争优势，但是此模式中间环节之间联结较为松散，因此，无法保证产品的安全性与可靠性，不具有可追溯性；农超对接属于不经过中间收购商介入的现代流通模式，其终端零售商主体大多为超市、社区菜店等，适用于一些中高收入人群，他们对蔬菜品质和品种有较高需求，蔬菜具有可靠的质量和安全保障。

以下将供给模式按照传统和现代模式分类进行SWOT分析。

3.3.3.1　中间收购商介入的传统供给模式SWOT分析

优势分析：适合现阶段农户生产经营特点，我国蔬菜种植户长久以来种植规模较小，同时生产经营缺乏标准化，导致品质特征无法达到一定标准化的要求，传统模式对产品品质要求较少，不会对现有生产和经营方式产生多大冲击；农户拥有相对灵活的选择权，体现在种植的品种和销售对象上，农户可以根据市场行情，变更种植品种和合作对象，交易较为方便，相应地，现代模式往往会和合作社达成协议，固定收购某些品种的蔬菜，农户在一定程度上失去了选择种植品种的权利；模式的终端市场符合消费者目前的消费水平，这种传统模式终端市场多是农贸市场，因能够提供价廉且新鲜的蔬菜满足消费者购物需求，所以符合消费水平。

劣势分析：蔬菜进货渠道不稳定，缺乏质量安全保障，两种传统模式的中间环节之间联结较为松散，因此，无法保证产品的安全性与可靠性，不具有可追溯性；流通环节过长造成资源浪费，对于以批发市场为核心的供给模式，蔬菜往往经过几级批发，装卸次数较多，造成的损耗相当高。

机会分析：农贸市场标准化建设进一步升级，农贸市场在初期多为露天、大棚市场，经营环境较差特别是卫生条件不容乐观，近些年来随着农贸市场经营性质向公益性转变，各地区农贸市场纷纷改造升级，由单一菜市场建造成包括菜市场、生鲜市场、社区菜店等多种形态的零售终端。

威胁分析：随着人们生活水平的提高，消费者对产品质量安全及生活品质要求不断提高，不再将价廉作为选购食品的首要标准，更多关注食品质量与品质，传统模式缺乏可追溯性导致产品质量安全无法保障。

3.3.3.2　连锁超市介入的现代供给模式SWOT分析

优势分析：质量安全的保障，超市作为水平相对较高的零售终端，对农产品品种有着更高的要求；农户获取较高收益，通过合作社作为桥梁与超市进行对接，可以获得较为合理出售价格；较好的购物体验环境，在超市购物的消费者，往往更多地关注干净和舒适的购物环境。

劣势分析：存在补货间断性，从超市本身商品布局来看，货架陈列面积较小，商品一旦售罄，较难立刻补货，可能无法满足消费者需求。

机会分析：连锁生鲜超市经营规模不断扩大，通过开展农超对接模式，扩大了基地直采规模，缩短了流通环节，降低了采购成本，保障了品质安全，当前一些大型超市销售的生鲜产品在价格和品种方面已经接近传统供给模式。连锁超市能够满足消费者对食品安全的强烈诉求，对农产品供给有着较高的要求，要求对接的合作社实施标准化的生产模式，超市还严格把控流通时间和流通损耗。食品的质量安全得到了有效保障。

威胁分析：合作社组织化程度较低，这种现代供给模式要求供给源头标准化生产，同时完成对食品检测、分级、包装以及冷链运输到超市，目前合作社发展还处于初级阶段，无法对接这种供给模式，由于规模限制、收购品种相对单一，较难与大超市大需求量、多品种的要求匹配。

3.3.4 产地与销地之间的联动关系分析

通过不同供给模式的价格形成机制来分析产销地之间的联动关系（见表3－2）。

3.3.4.1 以农产品批发市场为核心的供给模式分析

蔬菜供给过程中一般经历了四个环节，每个环节主体在收购价格基础上加上一定的利润，那么价格经过四次加成，便形成了蔬菜收购价格、产地批发市场价格、销地批发市场价格、零售商销售价格。可以看出，这四个价格在形成初期都是由市场供求关系决定的，但是环节主体会根据收购成本进行权衡，如果在该价格下不能获得既得利润，则选择退出市场，相应的价格将不断趋向于合理范围。

3.3.4.2 以地头市场为核心的产销对接供给模式分析

蔬菜供给过程中一般经历了三个环节，每个环节主体在收购价格基础上加上一定的利润，那么价格经过三次加成，便形成了蔬菜收购价格、零售商提货价格、零售商销售价格。同样每个环节初期价格形成是由市场供求关系决定的，每个环节主体将蔬菜收购成本与流通成本之和与销售价格进行判断，以决定是否进入市场。

3.3.4.3 连锁超市介入的农超对接的供给模式分析

蔬菜供给过程中一般经历了两个环节，每个环节主体在收购价格基础上加上一定的利润，那么价格经过两次加成，便形成了合作社中标价格、超市销售价格。这种模式的价格形成基于契约关系，合作社通过契约关系与超市达成合作。在合作社与超市达成协议过程中，不仅要考虑蔬菜收购价格、市场行情，同时为了能够稳定超市销售对象，合作社还要比较竞争对手价格，有时报价会低于市场价格。

表 3－2 三种供给模式的产销地之间联动关系比较

	以批发市场为核心	以地头市场为核心的产销对接	连锁超市介入的农超对接
联动主体	农户＋中间收购商＋产地批发商＋销地批发商＋零售商	农户＋中间收购商＋零售商	农户＋合作社＋超市
联动方式	市场交易	市场交易	契约交易
联动形式	市场供给＋收购成本	市场供给＋收购成本	市场供给＋收购成本＋竞标成本

3.4 本章小结

基于产业链视角，对北京市蔬菜供给的研究既包括研究供给源头——生产环节，同时也要关注供给渠道——流通环节，本章对北京市蔬菜供给从生产与流通两个方面进行现状和特点的描述。同时考虑北京市是一个典型的销地市场，在探究蔬菜供给过程中，外埠供应是其供给的重要组成部分，在生产环节中从自产蔬菜和外埠供应两个方面进行描述。

首先，总体来看，北京市自产蔬菜近些年来产量和播种面积呈不断下降的趋势，具体分别从生产品种结构、技术结构、地区结构、经营主体方面对其生产特点进行归纳：北京市自产蔬菜中多以叶菜类、茄果类和瓜菜类为主，考虑到叶菜类和茄果类相对于其他品种属于不耐储存品种，对流通时间和条件要求较高，北京郊区倾向于种植相对不耐储存的蔬菜；北京市逐步形成了以设施蔬菜为核心技术体系的蔬菜生产模式，设施蔬菜生产不受季节和天气制约，冬季往往是蔬菜供应减少的季节，受供需关系影响，价格出现上涨，因此设施蔬菜可以在这一时期获得相对较高的收益；北京郊区资源禀赋、地理环境以及经济发展等差异导致农业种植结构也不尽相同，蔬菜生产正在不断向优势区域集中，形成北京市蔬菜主产区域，面积和产量最高的为大兴区，接下来依次为顺义区、通州区、平谷区、房山区、密云区，这些区域是北京市蔬菜的主产区；传统家庭经营是北京市农村的基本经营主体，而且仍然是重要组成部分，一些新兴经营主体（企业、合作社和家庭规模化经营人）逐渐出现。

其次，天津、河北、辽宁、山东、海南是北京市外埠蔬菜来源地，其中河北、山东和辽宁为主要来源地，对北京市场供应比例总计达到66.1%，同时可以发现，来源地大多位于北京周边，具有便利的交通条件，加上自身都是蔬菜生产大省，是北京市"菜篮子"工程的有机组成部分，对保障北京市蔬菜供应起到了重要作用。通过比较五个供应地区蔬菜生产播种面积、产量、单产和产值等指标可以看出，五个地区蔬菜产地相对集中、气候适宜、资源丰富，蔬菜产量和产值较大，加上采用设施蔬菜种植，因此单产优势较强；北京市位于的环渤海供应区域，具有良好的资源和环境条件，适宜种植，但是受其自身面积所限，其生产规模较小。同时从成本收益视角来看，北京与其供给来源地区相比较，蔬菜投入相对较大，收益相对较小，无论是露地番茄还是设施番茄，成本收益率都不高，均低于全国平均水平，相对于其他地区而言，北京市属于高投入、低产出的生产区。

最后，蔬菜进入北京市的流通过程可以分为两种供给模式——中间收购商介入的传统供给模式和连锁超市介入的现代供给模式，进一步可以划分为以农产品批发市场为核心的供给模式、以地头市场为核心的产销对接供给模式和连锁超市介入的农超对接的供给模式；各种模式由于存在各自的优势与劣势，都具有一定的发展潜力；通过分析不同模式的价格形成机制，可以看出，市场供求关系是决定产销地区间价格形成的关键因素，同时蔬菜收购成本是价格形成的基础因素，与市场机制共同引导价格趋于合理区间，随着农超对接现代模式的出现，产销之间的联动不仅由市场决定，契约关系也逐渐发挥着重要作用。

第 4 章　主产地蔬菜生产比较优势

多年来，河北、辽宁、山东、天津以及海南成为北京市蔬菜供给的主要来源地。

本章从横向维度探究北京市及供给主产地的蔬菜生产能力在全国整体生产体系中的地位，判断是否具有比较优势，以及相较于其他农产品蔬菜产业是否具有比较优势。

从地区与品种两个方面来摸清北京市及供给主产地蔬菜生产的现状。农业生产系统是一个复杂系统，播种面积、产量、产值、单产等指标所代表的自然、技术、经济因素都是评价生产优劣的重要因素。为了弥补单一指标分析的不足，对生产做出综合的评价，可以将蔬菜生产系统看作灰色系统，运用灰色聚类方法和灰色局势决策方法，分别从地区比较和品种比较视角对北京市及其供给主产地的蔬菜生产比较优势进行判定。本章共分为四部分：第一部分是比较优势理论及模型构建；第二部分是蔬菜生产的地区比较优势分析；第三部分是蔬菜分品种的地区比较优势分析；最后是本章小结。

4.1　比较优势理论及模型构建

4.1.1　比较优势理论

绝对优势理论认为各国按照各自绝对有利的生产条件进行分工，大卫·李嘉图进一步发展了这个理论，在国际贸易决策时应遵循着生产和出口那些利益相对较大的商品，其他相对劣势的商品采用进口来满足需求，从而提高社会整体福利的原则，这便形成了比较优势理论，后续学者针对各国比较优势差异存在的原因进行探索，不断对比较优势理论进行修正和完善（欧玉芳，2007）。

李嘉图首先提出技术差异是比较优势的决定性因素，赫克歇尔和他的学生俄林提出要素禀赋也是产生比较优势的另一个重要因素；近些年来，经济学界比较认可的赫尔普曼和克鲁格曼（1985）将规模经济引入来分析比较优势，认为规模报酬和市场规模内生决定了比较优势，他们在1990年从研发角度进一步推进了比较优势理论，将比较优势理论由最初的静态分析转向动态分析，将时间因素融入比较优势来源分析中，发现商品在生命周期不同阶段的比较优势是不断变化的，比较优势还受到技术应用、销售和管理方面因素的影响；此外，格罗斯曼和麦吉分析了人力资本分配对比较优势的影响，认为人才感兴趣的产业就会具有比较优势。

一个地区具有一定比较优势的前提条件是其能够生产出富余产品，因此，生产能力是比较优势的主要来源。具体到蔬菜生产地区的比较优势方面，其主要取决于地区自然禀赋、经济发展、生产环境，每个方面代表的优势各不相同，需要一个能综合评价比较优势的指标，因此可利用灰色理论模型，综合考虑自然、经济以及环境方面的指标，更加合理、科学地反映不同地区以及不同产品之间的比较优势。

4.1.2　基于比较优势理论的模型构建

灰色理论模型由我国控制论专家邓聚龙于1982年提出，本章通过构建灰色理论模型来分析不同地区以及不同类别农产品的比较优势，分别采用灰色聚类评价法和灰色局势决策法，这两种都是评价问题常用的方法。其中，灰色聚类评价法是指基于白化权函数或灰色关联系数对研究对象进行类别划分的方法；灰色局势决策法是指结合目标效果值与权重测算综合效果值，对备选方案进行排序的方法。

4.1.2.1　灰色聚类评价法

灰色聚类评价法是灰色系统理论中用于评价问题的重要方法之一，它基于灰色关联系数或白化权函数将研究对象进行分类。本书采用灰色白化权函数聚类，将全国各地区作为评价对象，以 i 表示，$i=1,\ 2,\ 3,\ \cdots$；

将反映地区蔬菜生产比较优势的指标作为评价因子，以 j 表示，$j=1$，2，3，…；聚类灰类以 k 表示，包括“高、中、低”或“大、中、小”。那么相应的聚类白化数为 d_{ij}，灰类白化权数函数为 $f_k(d_{ij})$。那么使用灰色聚类评价法的步骤如下：

第一，评价因子数据无量纲化。对聚类评价因子 d_{ij} 进行标准化处理，将数值转化到［0，1］之间，设标准化处理前 $\max d_{ij} = a_j$，a_j 为第 j 个评价因子的最大值，$\min d_{ij} = b_j$，b_j 为第 j 个评价因子的最小值，标准化处理后的聚类白化数为 x_{ij}，根据数据类型（效益型或成本型），相应的标准化方法为：

（1）效益型评价因子：

$$x_{ij} = \frac{d_{ij} - b_j}{a_j - b_j} \tag{4-1}$$

（2）成本型评价因子：

$$x_{ij} = \frac{a_j - d_{ij}}{a_j - b_j} \tag{4-2}$$

第二，确定灰类白化权函数。白化权函数是确定灰类的基础，反映了评价因子对灰类的亲疏关系，从而确定研究对象所属的灰类。白化权函数通常采用隶属度函数，其基本形式如图 4-1 所示：

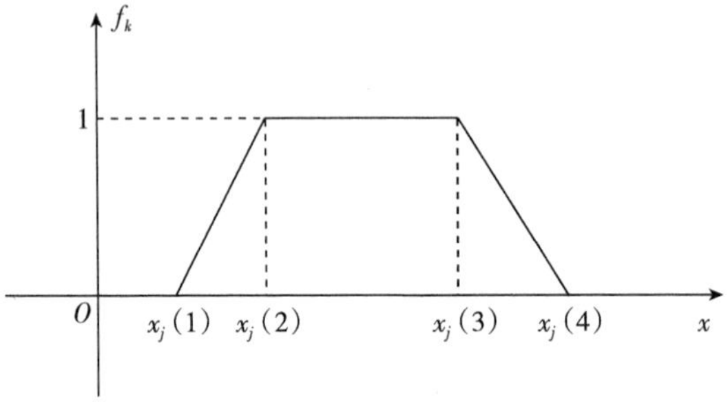

图 4-1　白化权函数示意图

根据 $x_j(1)$，$x_j(2)$，$x_j(3)$，$x_j(4)$ 取值的不同，白化权函数有四种表现形式：

（1）当 $x_j(1) < x_j(2) < x_j(3) < x_j(4)$ 时，$f_k(x_{ij})$ 为典型白化权函数。

$$f_k(x_{ij}) = \begin{cases} 0 & x \notin [x_j(1), x_j(4)] \\ \dfrac{x - x_j(1)}{x_j(2) - x_j(1)} & x \in [x_j(1), x_j(2)] \\ 1 & x \in [x_j(2), x_j(3)] \\ \dfrac{x_j(4) - x}{x_j(4) - x_j(3)} & x \in [x_j(3), x_j(4)] \end{cases} \tag{4-3}$$

（2）当 $x_j(1)$，$x_j(2)$ 不存在时，$f_k(x_{ij})$ 为下限测度白化权函数。

$$f_k(x_{ij}) = \begin{cases} 0 & x \notin [0, x_j(4)] \\ 1 & x \in [0, x_j(3)] \\ \dfrac{x_j(4) - x}{x_j(4) - x_j(3)} & x \in [x_j(3), x_j(4)] \end{cases} \tag{4-4}$$

（3）当 $x_j(2) = x_j(3)$ 时，$f_k(x_{ij})$ 为适中测度白化权函数。

$$f_k(x_{ij}) = \begin{cases} 0 & x \notin [x_j(1), x_j(4)] \\ \dfrac{x - x_j(1)}{x_j(2) - x_j(1)} & x \in [x_j(1), x_j(2)] \\ \dfrac{x_j(4) - x}{x_j(4) - x_j(2)} & x \in [x_j(2), x_j(4)] \end{cases} \tag{4-5}$$

（4）当 $x_j(3)$，$x_j(4)$ 不存在时，$f_k(x_{ij})$ 为上限测度白化权函数。

$$f_k(x_{ij}) = \begin{cases} 0 & x \leqslant x_j(1) \\ \dfrac{x - x_j(1)}{x_j(2) - x_j(1)} & x \in [x_j(1), x_j(2)] \\ 1 & x \geqslant x_j(2) \end{cases} \tag{4-6}$$

第三，确定评价因子权重。指标权重反映了对评价对象的影响程度，根据权重设置的不同，灰色白化权函数聚类可以分为灰色变权聚类方法与灰色定权聚类方法，设 j 指标 k 灰类的权重为 η_j^k，若 η_j^k 与 k 无关，则称之为灰色定权聚类，若 η_j^k 与 k 相关，则称之为灰色变权聚类。当指标意义、量纲不同且在数量上存在一定差别时，适用灰色定权聚类。

为了客观反映各指标对研究对象的影响程度，避免专家赋值主观色彩，采用变异系数法进行权重的确定，它是根据评价因子相对应数据的变异程度大小来反映对研究对象的影响程度的方法，能够充分利用评价因子所传递的数据信息。

下面用变异系数法求解指标 j 的权重 η_j，首先计算指标 j 的变异系数：

$$v_j = \frac{\sqrt{\frac{1}{n}\sum_{j=1}^{n}(d_j - \overline{d_j})^2}}{\overline{d_j}} \tag{4-7}$$

其中 $\overline{d_j}$ 为第 j 个指标所有数据的平均值，v_j 为第 j 个指标的变异系数，那么第 j 个指标的权重 η_j 为：

$$\eta_j = v_j / \sum_{j=1}^{n} v_j \tag{4-8}$$

第四，聚类的评价。根据白化权函数值和评价因子权重计算研究对象 i 属于 k 灰类的综合灰色白化权聚类系数：

$$\sigma_i^k = \sum_{j=1}^{m} f_k(x_{ij})\eta_j^k \tag{4-9}$$

可以得到研究对象 i 不同灰类的综合灰色白化权聚类系数，最大的综合灰色白化权聚类系数所在的灰类为研究对象 i 所在的灰类。进一步，根据综合灰色白化权聚类系数的大小确定同属一个灰类的各个对象优劣程度。

4.1.2.2 灰色局势决策法

灰色局势决策法也是灰色系统理论中用于评价问题的重要方法之一，它基于事件与对策匹配的局势效果，对各种目标综合考虑，从而选择最好的局势，使整个系统获得最佳收益，因此该方法的四个主要因素分别为事件、对策、效果、目标。那么使用灰色局势决策法的步骤如下：

第一，确定系统中事件、对策、效果、目标。记 a_i 为事件，b_j 为对策，将事件与对策进行匹配可以得到二元组合 $S_{ij} = (a_i, b_j)$，即 S_{ij} 为局势集。一个事件 a_i 与不同对策进行匹配，构成局势集行向量，不同事件与一个对策 b_j 进行匹配，构成局势集列向量，局势匹配相应的结果即为局势的效果，记作 u_{ij}。评价系统的各项指标构成了局势的目标，根据目标 p 形成的局势效果记作 u_{ij}^p。

第二，确认目标极性，作效果测度变换。由于目标极性不同，不便于比较，因此，将各值作变换、化简，将值都化到具有相同的极性，即 r_{ij} 为局势的效果测度。局势效果有三种类型：越大越好、越小越好和越适中越好。根据不同变量的局势效果，选择相应的变化方法：

（1）上限效果测度（局势效果越大越好）：

$$r_{ij}^{p} = \frac{u_{ij}^{p}}{u_{\max}^{p}} < 1 \tag{4-10}$$

（2）下限效果测度（局势效果越小越好）：

$$r_{ij}^{p} = \frac{u_{\min}^{p}}{u_{ij}^{p}} < 1 \tag{4-11}$$

（3）适中效果测度（局势效果不大不小，适中）：

$$r_{ij}^{p} = \frac{\min\{u_{ij}^{p}, u_{0}^{p}\}}{\max\{u_{ij}^{p}, u_{0}^{p}\}} < 1 \tag{4-12}$$

其中 $u_{\max}^{p}$ 为所有 u_{ij}^{p} 的最大值，$u_{\min}^{p}$ 为所有 u_{ij}^{p} 的最小值，u_{0}^{p} 为指定的一个适中值。

第三，确定目标权重。为了客观反映各目标对决策的影响程度，避免专家赋值主观色彩，用关联系数法进行权重的确定。由于对品种生产优势的评定目前仍以种植结构为主要依据，因此，以某一农作物播种面积占北京市农作物总播种面积的比重为参考序列，其余目标为比较序列，从而计算其他目标与种植结构的关联度。关联度越大，目标对种植结构的影响越大，更代表该产业具有优势，反之，关联度越小，目标对种植结构的影响越小。对关联度进行归一化处理，可以得到相应目标的权重 w_{i}^{p} 。

第四，进行决策。根据不同目标的权重，计算综合效度量化值：

$$D_{i}^{p} = \sum_{p=1}^{n} [r_{ij}^{p} \times w_{i}^{p}] \tag{4-13}$$

所得到的综合效度量化值反映了局势的优劣关系，可以据此进行排序。

4.2　蔬菜生产的地区比较优势分析

4.2.1　地区优势的描述性分析

由于我国地域辽阔，不同地区的自然禀赋、经济发展、生产环境存在差异，导致不同地区的农业结构、种植结构等各不相同。具体到蔬菜产业，不同地区也存在较大差异，而且近年来蔬菜产地由分散走向集中，在空间上呈现出集中趋势，形成了一批专业化程度高、特色非常明显的蔬菜集中产地。图4－2为各省份的产值差距图，类似于收入差距的“洛伦兹曲线图”，其中虚线表示各地区蔬菜生产水平绝对均等，每个省份产值份额是完全平等的，代表“绝对均等线”，实线表示实际产值份额分配情况，曲线下面部分的面积越小，说明各地区之间的产值差距越大。可以看出，蔬菜产值各地之间差距较大，生产相对集中（吴舒和穆月英，2016）。

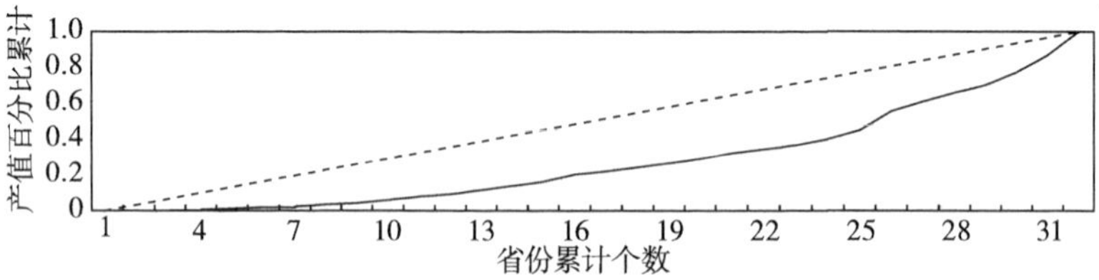

图4－2　蔬菜各省份产值差距图（“类洛伦兹曲线”）

数据来源：《中国统计年鉴》。

同时通过表4－1可以看出，我国蔬菜产量第一的山东省产量占到全国蔬菜总产量的13.12%，排名前八位的地区产量比重占全国60%以上，由此可以看出，我国蔬菜生产比较集中，主要集中在山东、河北、河南、江苏、四川，这五个省份的产量占到全国蔬菜产量的近一半。产地集中体现出各地之间生产差距大，地区间生产存在一定的比较优势。

表4－1　蔬菜产量前八位省份占全国比重

省份	产量/万吨	比重/%
山东	9973.7	13.12
河北	8125.7	10.69
河南	7272.5	9.57
江苏	5417.0	7.13
四川	4069.3	5.35
湖南	3763.5	4.95
湖北	3671.5	4.83
广东	3274.7	4.31

数据来源：《中国统计年鉴》。

为了更好地进行地区比较，将全国分为华北、东北、华东、华中、华南、西南、西北七个地区。图4－3、图4－4、图4－5、图4－6分别从播种面积、产量、单产、产值四个指标对各地区蔬菜生产进行比较分析。

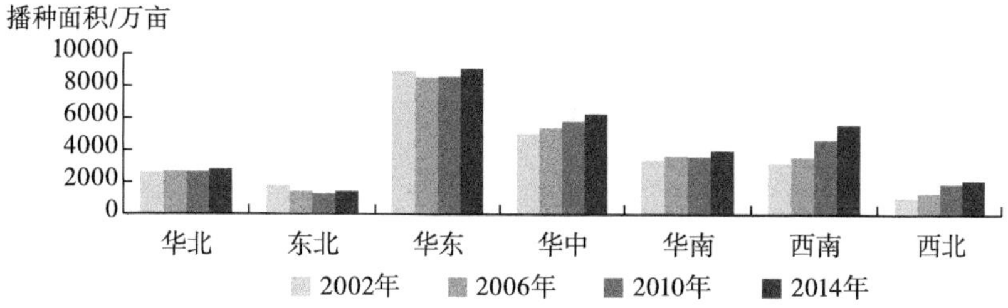

图4－3　七个地区的蔬菜播种面积比较

数据来源：《中国统计年鉴》。

从图4－3可以看出，近十几年来，华中、华南、西南、西北的播种面积呈增长趋势，其中西南和西北地区的播种面积增长迅速，2002—2014年，西南、西北地区的蔬菜播种面积分别增长了73.58%、105.14%，东北地区播种面积近年来呈下降趋势。通过比较2014年各地区的播种面积发现，我国蔬菜种植大多集中在华东、华中和西南地区，尤其是华东、华中地区的播种面积比重占到全国接近一半。

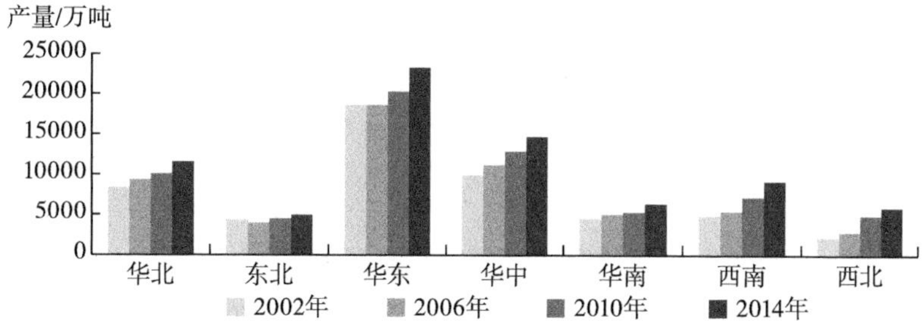

图4－4　七个地区的蔬菜产量的比较

数据来源：《中国统计年鉴》。

从图4－4可以看出，近十几年来，七个地区的蔬菜产量均呈增长趋势，其中西南和西北地区的产量增长迅速，2002—2014年，西南、西北地区的蔬菜产量分别增长了89.80%、168.59%，东北地区增长比较缓慢，2014年的产量比2002年增长了14.91%。通过比较2014年各地区的产量发现，华东、华中、华北的蔬菜产量最大，占到全国产量的65%以上，但是东北、西北两地区产量最小，产量分别占全国的6.51%、7.82%，这说明华东、华中和华北地区比较适宜种植蔬菜，在气候和水资源方面具有比较优势。

从图4－5可以看出，近十几年来，七个地区的蔬菜单产水平均呈增长趋势，其中华北地区单产水平最高，东北地区单产水平也较高，而且近几年来增速不断提高，从2002年每亩2319.26公斤到2014年的3126.81公斤，仅次于华北地区，西北、华东、华中地区单产位于中间水平，西南和华南地区单产水平最低。通过比较2014年各地区的单产发现，华北、东北地区在单产水平上具有比较优势，而西南、华南地区单产还不到东北地区一半，但是各地区蔬菜单产水平差异可能与地区间种植品种不同有关。

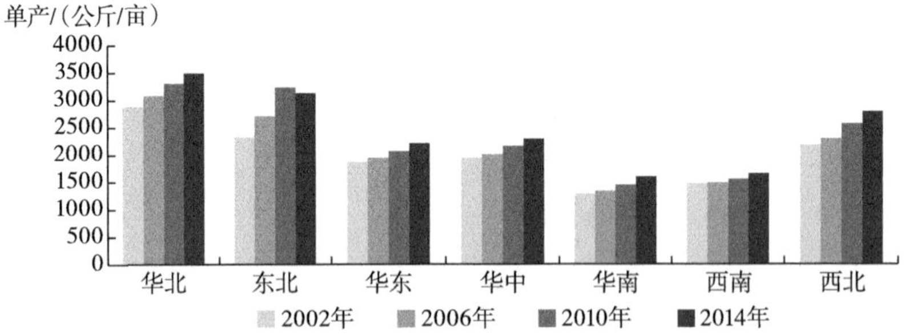

图4－5　七个地区的蔬菜单产的比较

数据来源：《中国统计年鉴》。

从图4－6可以看出，近十几年来，七个地区的蔬菜产值水平均呈增长趋势，其中华东地区产值最高，华中、西南、华北地区产值水平也较高，而且近几年增速较快。通过比较可以看出，产值高的地区多集中在华东，由于蔬菜生产属于资本密集型产业，同时部分蔬菜品种对生产设施依赖性大，有利于提高产品品质和价格，可以说，蔬菜产值在一定程度上与经济发展程度存在相关性。

通过比较全国各地区蔬菜生产播种面积、产量、单产和产值等指标可以看出，我国蔬菜产地相对集中，同时各地区生产差异较大，这种差

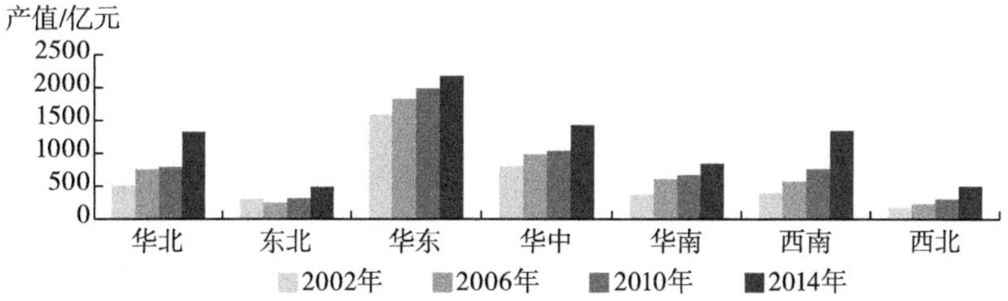

图4-6 七个地区的蔬菜产值的比较

数据来源：《中国统计年鉴》。

注：为避免通货膨胀对统计数据影响，以2000年作为基期，用蔬菜生产价格指数对产值进行平减，得到蔬菜实际产值。

异除了由种植品种不同造成以外，气候、资源禀赋以及社会因素都会带来一定的影响。其中华东、华中、华北地区由于气候、资源适宜，所以蔬菜产量、产值较大；华北、东北地区由于采用设施蔬菜种植，所以具有较强的单产优势；西北、西南地区有气候、资源的限制，导致蔬菜播种面积、产量有限，但是近几年呈较快增长趋势。北京市位于华北地区，具有良好的资源和环境条件，适宜种植，但是受其自身面积所限，其生产规模较小。

4.2.2 地区比较优势定量分析

选取全国31个省份作为研究对象，将蔬菜生产优势分为“高”“中”“低”三个灰类（赵双双，2011），对它们进行聚类分析，从而更好地对北京及其供给地区的蔬菜生产比较优势进行分析和研究。

4.2.2.1 确定聚类对象、评价因子

以全国31个省份为聚类的研究对象，将包括地区自然、技术、经济等因素在内的7个定量指标作为评价因子（见表4-2），原始数据来源于2013—2015年的《中国农村统计年鉴》，运用统计资料中的各地区蔬菜产量、产值、播种面积、乡村人口数等数据。评价因子为效益型指标，采用公式（4-1）对数据进行标准化。

表 4-2　地区比较优势的评价因子

评价因子	单位	权重
各省蔬菜播种面积占全省农作物总播种面积的比重	%	0.1243
各省蔬菜播种面积占全国蔬菜总播种面积的比重	%	0.1741
各省蔬菜的单产	公斤/亩	0.0801
各省蔬菜产量的年增长率	%	0.2568
各省每亩播种面积的蔬菜产值	元	0.0709
各省农村人口的平均蔬菜产值	元	0.0958
各省蔬菜产值占全国蔬菜总产值的比重	%	0.1980

4.2.2.2　确定灰类白化权函数

将生产比较优势划分为“高”“中”“低”三个灰类，并设定平均值加标准差为高类下限，平均值减标准差为低类下限，平均值为中类中限，以三个值作为转折点，根据公式（4-2）、（4-3）、（4-4）、（4-5）、（4-6）构造地区蔬菜生产比较优势的白化权函数，各类白化权函数依次为：

高类的白化权函数：

$$f_1(d_{ij}) = \begin{cases} 0 & d_{ij} \leqslant M \\ \dfrac{d_{ij} - M}{M - L} & M < d_{ij} < L \\ 1 & d_{ij} \geqslant H \end{cases} \tag{4-14}$$

中类的白化权函数：

$$f_1(d_{ij}) = \begin{cases} 0 & d_{ij} \leqslant L \\ \dfrac{d_{ij} - M}{M - L} & L < d_{ij} < M \\ 1 & d_{ij} = M \\ \dfrac{M - d_{ij}}{H - M} & M < d_{ij} < H \\ 0 & d_{ij} \geqslant H \end{cases} \tag{4-15}$$

低类的白化权函数：

$$f_1(d_{ij}) = \begin{cases} 1 & d_{ij} \leqslant L \\ \dfrac{M - d_{ij}}{M - L} & L < d_{ij} < M \\ 0 & d_{ij} \geqslant M \end{cases} \tag{4-16}$$

4.2.2.3　确定评价因子权重

根据公式（4－7）、（4－8）确定蔬菜生产系统评价因子的权重，计算权重值见表 4－2。权重相对较大的评价因子依次为各省蔬菜产量的年增长率、产值比重、播种面积比重，说明在评价比较优势时比较倾向于产业发展速度、产业带来的经济效应以及地区生产结构方面，评价优势时侧重于发展潜力方面。

4.2.2.4　确定综合灰色白化权聚类系数

根据标准化得到的数据与灰类白化权函数以及评价因子权重，计算得到综合灰色白化权聚类系数，比较每个研究对象的高、中、低三个灰类系数值，系数最大的所对应的类型就是研究对象所属的类别，将属于同一类别的所有个体共同构成一类，在此基础上，可以对每一类别中的个体按照灰类系数值进行高低排序，计算结果如表 4－3 所示。

表 4－3　蔬菜生产的地区比较优势类别

类别	省份
“高类”	江苏、广东、河北、山东、湖南
“中类”	福建、陕西、安徽、贵州、重庆、四川、辽宁、江西、湖北、广西、河南、新疆、甘肃
“低类”	青海、西藏、上海、吉林、北京、内蒙古、黑龙江、宁夏、天津、山西、浙江、云南、海南

结果表明，总体来看，处于“高类”的地区比较少，大多数省份还是集中在“中类”或“低类”。其中，在“高类”中的五个省的蔬菜产量均排在全国产量的前八位，说明蔬菜主产省从综合视角来看也是蔬菜生产具有比较优势和潜力的地区；在“中类”中，西北、西南地区占到

一半左右，近年来这些地区虽然不具有自然优势，但是发展迅速，成为蔬菜生产较有潜力地区；在“低类”中，以北京、天津和上海为代表的直辖市由于面积相对较小，蔬菜种植规模和产量水平相对较低，潜力水平相对较低。

比较北京及其外埠供应地区，河北、山东是我国蔬菜主产省，生产优势排在“高类”地区；辽宁近年来发展迅速，产量、单产、产值不断提高，排在“中类”地区；北京、上海、海南由于种植规模相对较小，排在“低类”地区。

进一步细分北京市及其供给地区的七个评价因子，其中，对于北京地区，第一个、第五个评价因子属于“高类”，第二个、第四个以及第七个评价因子属于“低类”，处于“低类”与地区生产规模相关，北京受其经济环境以及自然环境的影响，不可能大规模生产，但是对于其自身农业结构而言，蔬菜产业具有优势，同时具有较强经济效益；对于天津地区，第三个、第五个、第六个评价因子属于“高类”，第二个、第四个以及第七个评价因子属于“低类”，可以看到天津蔬菜生产优势与北京相近，相较于北京，天津单产水平相对更高一些，经济效益更高一些；对于河北地区，第二个、第三个、第五个、第六个、第七个评价因子属于“高类”，其余指标属于“中类”，对于自身而言，优势更多体现在规模、单产以及经济效益上；对于山东地区，第二个、第三个、第六个、第七个评价因子属于“高类”，其余指标属于“中类”，对比河北地区，单位亩均经济效益略低于河北；对于辽宁地区，第三个、第五个、第六个评价因子属于“高类”，其余指标属于“中类”，辽宁的生产规模小于河北、山东等主产地区，但是具有较大的发展潜力；对于海南地区，第一个、第六个评价因子属于“高类”，第二个、第三个以及第七个评价因子属于“低类”，与北京、天津地区相近，与生产规模相关的指标处于“低类”，但是对于其自身农业结构而言，蔬菜产业具有优势，同时具有较强的经济效益。

另外，可以看到，这六个地区的反映蔬菜种植经济效益指标的第五个或第六个评价因子均处于“高类”。说明这几个地区蔬菜生产经济效益在全国处于较高水平。也可以发现，这六个地区的反映产业发展速度指标的第四个评价因子没有一个处于“高类”，可能的原因是主产省已经发展到较高水平，相对增速减缓，同时一些地区由于规模缩小，无法扩大生产。第一个评价因子反映每个地区内部的种植结构，相比较而言，北京、海南地区蔬菜产业在本地区结构中占比较大。

因此，进一步结合灰色局势决策法分析各地区蔬菜产业与其他农产品产业的比较优势。

4.3　蔬菜分品种的地区比较优势分析

4.3.1　品种优势的描述性分析

不同农作物在生产条件、成本以及收益情况上存在着差异，因此形成了分品种的比较优势，进而体现在地区的农作物生产布局上，为了研究北京地区蔬菜与其他农产品品种的比较优势，首先从播种面积结构和产值比重两个方面对北京市蔬菜、水稻、小麦、玉米、豆类、薯类、油料、棉花、瓜类等9类农产品进行了描述性分析（穆月英，2007）。

2014年，北京市农作物播种总面积为196.1千公顷，其中粮食作物播种面积为120.2千公顷，蔬菜播种面积为62千公顷，比2002年分别下降了42.7%、28.9%、49.2%。图4－7、图4－8分别反映的是2002年和2014年北京市农产品播种面积结构的变化情况。

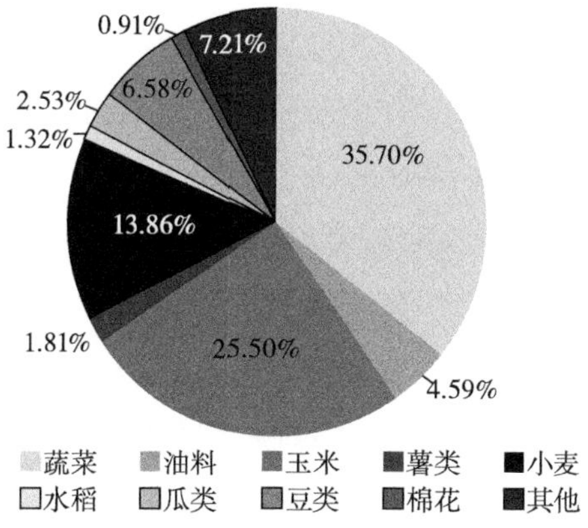

图4－7　2002年北京市农产品播种面积构成

数据来源：《中国统计年鉴》。

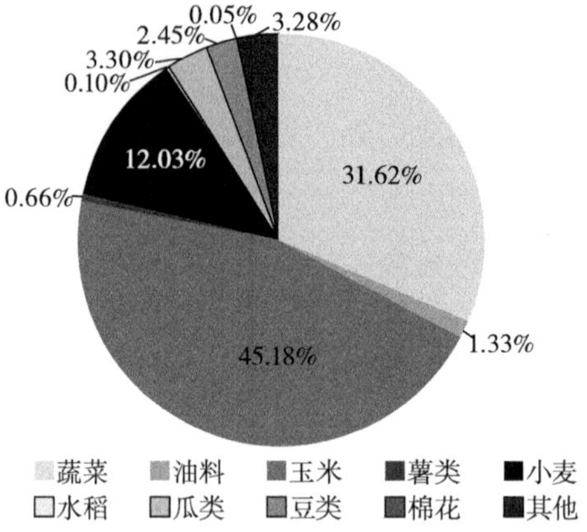

图 4-8　2014 年北京市农产品播种面积构成

数据来源：《中国统计年鉴》。

分品种来看，北京市的农产品种植以玉米、蔬菜为主，2002 年，蔬菜和玉米分别占到总播种面积的 35.70% 和 25.50%，其次是小麦、豆类、油料，分别占到 13.86%、6.58%、4.59%，最少的是瓜类、薯类、水稻、棉花，面积比重分别为2.53%、1.81%、1.32%、0.91%。2014 年与2002 年相比较，除了玉米与瓜类比重有所上升，其他品种比重均呈下降趋势，其中玉米所占比重上升了 19.68%，位居第一，为 45.18%，蔬菜比重下降了 4.09%，其次是小麦，为 12.03%，油料、豆类分别下降了 3.26%、4.13%，最少的为薯类、水稻、棉花，三者播种面积之和占总播种面积的比重为0.81%。可以看出，玉米与蔬菜比重之和由 2002 年的 61.20% 上升到 2014 年的 76.80%，说明对于北京地区种植结构来说，玉米和蔬菜生产相对集中，占到全市播种面积的 80% 左右。

从表 4-4 可以看出，与其他农产品相比，蔬菜产值较高，所以农户在条件允许的情况下，更倾向于种植蔬菜，从而增加了蔬菜的播种面积，提高了蔬菜在北京地区的种植比重。蔬菜和水果是北京市农业产业的主要来源，占到总体的 75% 以上，其次是谷物，占到 8.9%，最少的为豆类和经济作物。产值大小在一定程度上反映了商品市场化程度，说明蔬菜、水果等商品流通率和商品价值相对较高。

表4-4 北京市农产品产值结构

品种	产值/万元	比重/%
谷物	138057.6	8.90
豆类	4043.5	0.26
经济作物	5988.4	0.39
蔬菜（含食用菌）	650456.8	41.94
水果（含瓜类）	551942.2	35.59
其他	200526.4	12.93
农业	1551014.9	100.00

通过比较北京市农产品各品种播种面积和产值可以看出，蔬菜产业是北京市农业重要组成部分，无论是播种面积还是产值比重，均在农业中排在前位，因此，如何根据北京特色发展蔬菜产业对于推动农业经济发展起着至关重要的作用。

4.3.2 品种比较优势的定量分析

4.3.2.1 确定事件、对策、效果、目标

事件为北京及其供给地区农产品的种植，对策为农产品各品种，包括蔬菜、水稻、小麦、玉米、豆类、薯类、油料、棉花八种农作物，目标根据各种农作物的生产条件、生产效率及生产增长趋势等因素来选取（见表4-5）。计算的原始数据来源于2013—2015年的《中国农村统计年鉴》，运用统计资料中各地区的蔬菜产量、播种面积、乡村人口数等数据。

表4-5 农产品品种比较优势的评价指标

评价指标	表示	单位
某一农作物播种面积占该地区农作物总播种面积的比重	r^0	%
该地区某一农作物播种面积占同一农作物全国播种面积的比重	r^1	%
该地区某一农作物产量占同一农作物全国总产量的比重	r^2	%
该地区某一农作物的单产	r^3	公斤/亩
该地区乡村人口平均的某一农作物产量	r^4	公斤
该地区某一农作物产量的年增长率	r^5	%

4.3.2.2 确定效果测度

这六项目标采用上限效果测度，根据公式（4－13）计算各目标的效果测度值。

4.3.2.3 确定目标权重

根据公式（4－17）对各目标原始数据进行标准化处理：

$$r_i^p = \frac{[r_i^{p'} - \overline{r_i^p}]}{s^p} \tag{4-17}$$

某一农作物播种面积占该地区农作物总播种面积的比重在六个目标中能相对较好地体现该地区种植的优势，将其余五个目标分别与某一农作物播种面积占北京市农作物总播种面积的比重这一目标（r^0）进行关联分析，关联度越大，目标对种植结构的影响越大，更代表该产业具有优势，利用公式（4－18）、（4－19）、（4－20）计算关联系数、关联度、权重。

$$\xi_i^p = \frac{\min_i \min_p |r_i^0 - r_i^p| + \rho \max_i \max_p |r_i^0 - r_i^p|}{|r_i^0 - r_i^p| + \rho \max_i \max_p |r_i^0 - r_i^p|} \tag{4-18}$$

$$\theta^p = \frac{1}{n}\sum_{i=1}^{n} \xi_i^p \tag{4-19}$$

$$w^p = \frac{\theta^p}{\sum \theta^p} \tag{4-20}$$

其中ρ为分辨系数，一般取值在0与1之间，通常取$\rho = 0.5$。首先计算绝对差值$|r_i^0 - r_i^p|$，分别得到2级最小差$\min_i \min_p |r_i^0 - r_i^p| = 0$，2级最大差$\max_i \max_p |r_i^0 - r_i^p| = 2.6055$。以北京地区为例，通过公式（4－18）、（4－19）、（4－20），得到关联系数、关联度、权重（见表4－6）。

表4－6　关联系数、关联度、权重

品种	r^1	r^2	r^3	r^4	r^5	r^0
水稻	0.8114	0.8245	0.8092	0.8931	0.4499	1.0000
小麦	0.9599	0.8985	0.6430	0.7022	0.7266	1.0000
玉米	0.4731	0.5778	0.3333	0.4063	0.3868	1.0000
豆类	0.9861	0.9594	0.9102	0.9721	0.5908	1.0000

续表

品种	r^1	r^2	r^3	r^4	r^5	r^0
薯类	0.8708	0.9071	0.8713	0.9095	0.6368	1.0000
棉花	0.8224	0.8317	0.9757	0.8921	0.4129	1.0000
油料	0.8773	0.8829	0.9881	0.9406	0.6878	1.0000
蔬菜	0.7037	0.7198	0.6093	0.4476	0.8134	1.0000
关联度	0.7695	0.7853	0.7239	0.7759	0.5892	1.0000
权重	0.1657	0.1691	0.1559	0.1671	0.1269	0.2153

通过表4-6可以看出，与播种面积结构的关联度中排第一的目标为北京市某一农作物产量占同一农作物全国总产量的比重，其次为北京市乡村人口平均的某一农作物产量、北京市某一农作物播种面积占同一农作物全国播种面积的比重，说明这三个目标对播种面积结构的影响较大。以某一农作物播种面积占北京市农作物总播种面积的比重为参考序列，综合考虑生产技术以及生产趋势，六个目标在决策系统中所占的权重顺序为：某一农作物播种面积占北京市农作物总播种面积的比重（r^0）>北京市某一农作物产量占同一农作物全国总产量的比重（r^2）>北京市乡村人口平均的某一农作物产量（r^4）>北京市某一农作物播种面积占同一农作物全国播种面积的比重（r^1）>北京市某一农作物的单产（r^3）>北京市某一农作物产量的年增长率（r^5）。

表4-7反映的是对河北、山东、辽宁、天津、海南等地区同样进行关联系数的计算确定的目标权重。对于天津、河北、山东地区，六个目标在决策系统中所占的权重顺序为：某一农作物播种面积占农作物总播种面积的比重（r^0）>某一农作物播种面积占同一农作物全国播种面积的比重（r^1）>某一农作物产量占同一农作物全国总产量的比重（r^2）>乡村人口平均的某一农作物产量（r^4）>某一农作物的单产（r^3）>某一农作物产量的年增长率（r^5）。对于辽宁地区，六个目标在决策系统中所占的权重顺序为：某一农作物播种面积占农作物总播种面积的比重（r^0）>乡村人口平均的某一农作物产量（r^4）>某一农作物产量占同一农作物全国总产量的比重（r^2）>某一农作物播种面积占同一农作物全国播种面积的

比重（r^1）>某一农作物的单产（r^3）>某一农作物产量的年增长率（r^5）。对于海南地区，六个目标在决策系统中所占的权重顺序为：某一农作物播种面积占农作物总播种面积的比重（r^0）>某一农作物播种面积占同一农作物全国播种面积的比重（r^1）>乡村人口平均的某一农作物产量（r^4）>某一农作物产量占同一农作物全国总产量的比重（r^2）>某一农作物的单产（r^3）>某一农作物产量的年增长率（r^5）。综合六个地区来看，代表地区种植结构（r^0）的比重最大，代表技术水平单产（r^3）以及发展潜力产量的年增长率（r^5）的比重最小。

表4－7　各地区目标权重

地区	r^1	r^2	r^3	r^4	r^5	r^0
北京	0.1657	0.1691	0.1559	0.1671	0.1269	0.2153
天津	0.1758	0.1671	0.1407	0.1548	0.1349	0.2267
河北	0.1759	0.1666	0.1482	0.1604	0.1231	0.2257
辽宁	0.1651	0.1652	0.1537	0.1669	0.1315	0.2176
山东	0.1777	0.1607	0.1450	0.1593	0.1245	0.2328
海南	0.1704	0.1653	0.1553	0.1667	0.1138	0.2284

4.3.2.4　确定综合效度量化值

根据各目标效果测度值与权重，计算得到综合效度量化值，并排序进行决策，计算结果如表4－8所示。根据灰色局势决策原理，综合效度量化值越大，该品种生产在北京市农业中越具有优势。由于北京地区不种植糖料作物，所以其综合效度量化值为0，北京市的优势农作物排序依次为蔬菜、玉米、小麦、豆类、水稻、薯类、油料和棉花。可见，蔬菜产业在北京市整体农业布局中具有重要地位。

表4－8　综合效度量化值与排序

品种	综合效度量化值	排序
蔬菜	0.8951	1
玉米	0.6528	2
小麦	0.3492	3
豆类	0.1781	4

续表

品种	综合效度量化值	排序
水稻	0.1529	5
薯类	0.1437	6
油料	0.1384	7
棉花	0.0071	8

表4－9反映的是对河北、山东、辽宁、天津、海南同样进行灰色局势测度得到的综合效度量化值，表格中列出该地区排名前三位的农产品品种。可以看到，北京及其供应地区中除海南以外，地区内部种植优势情况基本一致，蔬菜、玉米与小麦相对其他品种具有比较优势。这里蔬菜在每个地区排名均为第一，可能与系统选择的指标为单产相关，蔬菜单产水平远高于其他品种，所以可能会使总体测度值偏高，但是仍可以看出，蔬菜在北京及其供应地区具有较大的发展潜力。

表4－9　各地区优势农产品

地区	品种
北京	蔬菜、玉米、小麦
天津	蔬菜、玉米、小麦
河北	蔬菜、小麦、玉米
辽宁	蔬菜、玉米、薯类
山东	蔬菜、小麦、玉米
海南	糖料、蔬菜、水稻

4.4　本章小结

本章从地区结构和品种结构方面对北京市及其供给地区蔬菜生产的比较优势结构进行了分解，并分别运用灰色聚类评价法和灰色局势决策法对比较优势进行了定量测算。

通过分析，可以得出以下结论：一方面，通过灰色聚类评价法测算，蔬菜生产“高类”地区大多来自蔬菜生产大省，这些地区往往拥有良好的环境条件，适宜种植蔬菜，“中类”地区大约一半省份来自西南、西北地区，这些地区虽然不具有自然优势，但是近年来发展迅速，成为蔬菜生产较有潜力地区。比较北京及其外埠供应地区，河北、山东是我国蔬菜主产省，生产优势排在“高类”地区；辽宁近年来发展迅速，产量、单产、产值不断提高，排在“中类”地区；北京、上海、海南由于种植规模相对较小，排在“低类”地区。进一步细分北京市的七个评价因子，其中第一个评价因子“各省蔬菜播种面积占全省农作物总播种面积的比重”属于“高类”指标，可以初步看出，对于其自身农业结构而言，蔬菜产业具有优势，所以需要进一步分析北京市蔬菜产业与其他农产品产业的品种比较优势。另一方面，通过灰色局势决策测算，对于北京市内部而言，蔬菜相较于其他农产品更具有比较优势，蔬菜、玉米和小麦是其农产品生产的主要品种，同时北京及其供应地区中除海南以外，地区内部种植优势情况基本一致，蔬菜、玉米与小麦相对其他品种具有比较优势，总体来看，蔬菜在北京及其供给主产地具有较大的发展潜力。

第5章　主产地蔬菜生产要素替代关系

随着农村改革的深化、农业的全面发展，如何实现农业生产要素的合理配置，关系到农业现代化水平的提高和农业供给水平的提高。劳动、土地和资本是农业生产的基本要素，农户会依据自身生产特征以及要素禀赋约束条件，自主调整生产组合中这三种要素的比例。农户行为决定着生产绩效，生产绩效不仅取决于要素之间的组合比例，还反映了要素之间的替代关系，而且这种替代关系作为联结投入与产出之间的桥梁，影响一个要素组合不断优化的过程。因此，以生产要素之间的替代关系为切入点，分析其变动的内在机制对优化农业生产要素投入组合和提高生产绩效具有重要意义。

蔬菜作为我国农业中仅次于粮食作物的第二大农作物，2018 年播种面积达 0.2 万公顷，同时也是对我国农民增收、农业发展、农村稳定起着至关重要作用的农产品，对其进行分析具有一定现实意义。鉴于此，本章以蔬菜产业为例，首先采用随机前沿生产函数，利用调研数据对北京市及其主产地农业生产要素间替代关系进行估算，在此基础上，利用似不相关回归方法分析替代关系变化的影响因素，以期为优化农户生产要素投入结构、促进蔬菜产业可持续发展提供参考依据。

5.1　蔬菜生产要素替代与供给影响

农户是理性的生产者，其生产目的是在既定的条件下实现成本最小产量最大。生产函数是生产理论的核心，反映的是生产要素转化为产量之间的比例关系（李谷成，2015）。

生产函数不仅刻画了生产投入要素与产出之间的关系，还描述了投入要素之间的相互关系。生产函数模型的基本假定是关于要素之间替代性质的假定，即在给定的技术水平下，生产系统中各投入要素对产出的影响不仅与该投入要素的变化相关，还取决于与其他要素之间的替代或互补关系。可以用替代弹性来描述自身要素与其他要素之间的协调影响，替代弹性的经济意义是要素比率变动对技术替代率变动的反应强度，反映要素之间替代的灵活程度。

土地、劳动和资本是农业生产中必需的生产要素，农户在考虑要素禀赋约束的条件下，对生产要素采用不同组合方式来进行生产，以实现农业生产要素的最优配置。其中，土地要素是农业生产中最具约束性的要素，在土地成本不断增加、土地要素变得稀缺的背景下，需要发展节约土地的生物化学技术，促进物质资本投入对土地要素的替代，以弥补土地资源不足带来的损失（向云等，2017）；在劳动力流动背景下，相较于土地、资本要素，劳动力价格快速上涨，劳动力投入数量也呈下降趋势，资本要素替代劳动力要素成为农业发展的趋势（王建浩和徐子轩，2018）。

联结投入与产出之间的桥梁为要素间的组合方式，而要素替代关系实质上揭示了农户技术选择特征，即基于不同要素替代关系，形成了生产要素组合方式，进而决定了生产绩效。在分析农业生产要素替代关系的影响因素时可以按照图 5－1 所示的理论框架展开。相关因素影响着替代弹性的大小，是农户调整生产要素比例的依据，而要素的不同组合最终决定了生产绩效。在具体求解替代弹性驱动机制过程中，需要从框架逆向出发，即先通过生产函数构建求出相应的替代弹性，进而分析影响替代弹性变化的主要因素。

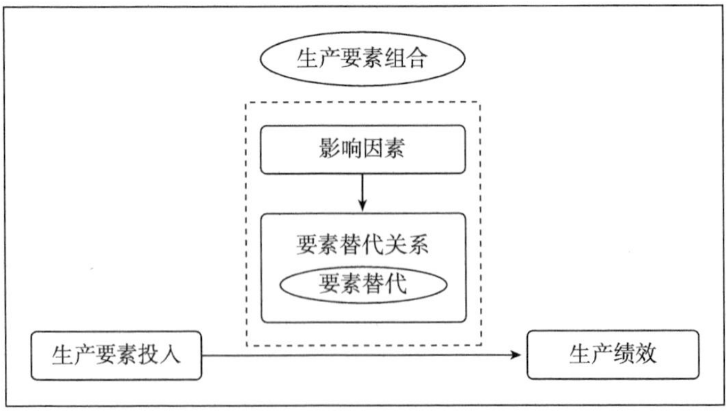

图 5－1　蔬菜生产潜力与供给影响的分析框架

5.2　生产要素替代模型的构建

5.2.1　研究方法与模型选择

在分析蔬菜生产的替代关系时，首先通过构建生产函数求解得到要素替代弹性，鉴于不同要素替代弹性之间具有相关性，结合似不相关回归模型对要素替代弹性的影响因素做进一步分析。

5.2.1.1　超越对数随机前沿生产函数

生产函数模型的基本假定是关于要素间替代性质的假定，假设向现实的逼近使生产函数不断发展，出现了不同阶段的生产函数，依次为劳动和资本之间完全替代的固定投入产出生产函数、劳动和资本之间的替代弹性为1的柯布—道格拉斯生产函数、劳动和资本之间的替代弹性为常数的常弹性生产函数、具有一般性的变弹性的超越对数生产函数。

超越对数生产函数具有包容性，可以看作任何形式的生产函数，样本点的不同使得替代弹性值各不相同，导致该模型更接近现实，同时随机前沿生产函数提出的误差项具有复合扰动项的特征，包括无法控制和可以控制的影响因素，更真实地对产出量与生产要素组合之间的关系进行模拟。参照张新民（2010）利用农户微观数据，以及王晓兵等（2016）基于超越对数随机前沿生产函数估计生产要素的替代弹性，为此，构建的农户超越对数随机前沿生产函数模型如下：

$$Y_i = f(x_i, \beta_i)\exp(v_i - u_i) \tag{5-1}$$

式中：被解释变量 Y_i 代表每个农户家庭实际蔬菜产出，用蔬菜产值表示。$f(x_i, \beta)$ 是超越对数生产函数，并采用 translog 形式。x_i 是投入要素的行向量，包括土地、劳动和资本三种生产要素。误差项具有复合扰动项的特征，随机扰动项包含 v 与 u 两部分，其中 v_i 为随机误差项，包括观测误差及其他随机因素，是无法控制的影响因素，服从正态分布，即 $v_i \sim N(0, \sigma_v)$；u_i 为技术损失误差项，是可以控制的影响因素，服从截断正态分布，即 $u_i \sim N^+(m, \sigma_u)$；同时 v_i 与 u_i 相互独立。

判断是否适合使用随机前沿生产函数模型的一个最关键的参数为 γ：

$$\gamma = \sigma_u^2/\sigma_v^2 + \sigma_u^2 \tag{5-2}$$

式中：γ 表示的是技术非效率项占随机扰动项的比重，γ 值为 0，说明随机扰动项主要来自随机因素，适用最小二乘估计法；γ 值为 1，说明随机扰动项主要来自技术非效率因素，适用确定性前沿分析；γ 值介于 0 到 1 之间，说明随机误差项同时包括随机和技术非效率因素，采用随机前沿生产函数是适合的。在式（5－1）和（5－2）的基础上，采用超越对数生产函数形式，构建模型的具体形式为：

$$\ln Y_i = \beta_0 + \beta_S \ln S_i + \beta_L \ln L_i + \beta_k \ln K_i + \frac{1}{2}\beta_{SS}(\ln S_i)^2 + \frac{1}{2}\beta_{LL}(\ln L_i)^2 + \frac{1}{2}\beta_{KK}(\ln K_i)^2 + \beta_{SL}\ln S_i \ln L_i + \beta_{SK}\ln S_i \ln K_i + \beta_{LK}\ln L_i \ln K_i + v_i - u_i \tag{5-3}$$

根据李霖等（2019）以往研究和调研实际情况，本章选择的变量如下：被解释变量 Y_i 代表第 i 个农户家庭农业产出。投入要素包括：土地投入 S，用播种面积表示；农业劳动力投入 L，用农业劳动天数表示，包括家庭用工天数和雇工天数两部分，其中，家庭用工天数是农户家庭从事农业劳动力人数与工作天数的乘积；资本投入 K，用生产过程中农户实际使用种子、机耕、化肥、农药、大棚建设费、农膜、水电等在内的 7 项投入加和表示。若自变量只包含一个生产要素 i，参数表示为 β_i，若自变量包含两个生产要素 i，j，参数表示为 β_{ij}，且交叉参数满足扬格定理，即 $\beta_{ij} = \beta_{ji}$。随机扰动项包含 v 与 u 两部分，其中 v_i 服从正态分布，即 $v_i \sim N(0, \sigma_v)$；u_i 服从截断正态分布。

为了进一步测算生产要素间的替代关系，利用生产函数模型来估计系数，以机械要素 K 对劳动要素 L 的替代弹性 σ_{KL} 为例，通过劳动、化肥、机械产出弹性公式（5－4）～（5－6）以及要素替代弹性公式（5－7）进行估计。

$$\eta_L = \partial \ln Y/\partial \ln L = \beta_L + \beta_{LL}\ln L + \beta_{SL}\ln S + \beta_{LK}\ln K \tag{5-4}$$

$$\eta_S = \partial \ln Y/\partial \ln S = \beta_S + \beta_{SL}\ln L + \beta_{SS}\ln S + \beta_{SK}\ln K \tag{5-5}$$

$$\eta_K = \partial \ln Y/\partial \ln K = \beta_K + \beta_{LK}\ln L + \beta_{SK}\ln S + \beta_{KK}\ln K \tag{5-6}$$

$$\sigma_{KL}=\frac{\mathrm{d}\left(\frac{K}{L}\right)}{\frac{K}{L}}\div\frac{\mathrm{d}\left(\frac{MP_L}{MP_K}\right)}{\frac{MP_K}{MP_L}}=\left[1-(\beta_{LK}-\beta_{LL}\frac{\eta_K}{\eta_L})(-\eta_K+\eta_L)^{-1}\right]^{-1} \tag{5-7}$$

5.2.1.2 似不相关回归法

在此基础上，利用似不相关回归法对替代关系的影响因素展开分析。由生产函数求解得到替代弹性，可以认为不同要素间按照一定比例投入生产，除了受农业生产技术影响外，也会受多种因素影响，包括蔬菜种植户家庭经营特征、要素禀赋状况等，种植户会根据条件变化而改变投入要素的组合方式，带来更高的生产绩效。同时，考虑到不同要素替代互相之间存在一定依赖关系，会受到内生性的干扰，这就意味着通过单一方程模拟弹性与影响因素之间的关系会存在偏差，因此，采用似不相关回归法对要素间替代弹性的影响因素进行研究。

$$\sigma_{jm}=X_1+X_2+X_3+X_4+X_5+X_6 \tag{5-8}$$

其中，σ_{jm} 为要素间的替代弹性，表示要素 j 对要素 m 的替代，3 个要素 6 个替代关系，即资本对土地、资本对劳动、劳动对土地、劳动对资本、土地对劳动和土地对资本的替代弹性；$X_1 \sim X_6$ 表示要素间替代弹性的影响因素，包括家庭劳动力数量、是否参加政府技术培训、蔬菜播种面积、种菜年限、蔬菜收入占总收入比重、户主受教育程度（吴舒和穆月英，2020）。

5.2.2 数据来源与整理

本章所采用的数据为 2018 年课题组分别对北京及其供应来源地辽宁、山东、天津和河北五省市蔬菜种植户进行调查的一手数据。之所以选择环渤海区域是因为该地区集中了北京市、天津市等人口众多的大城市，蔬菜需求量较大，为了满足人们蔬菜日常消费和反季节需求，设施蔬菜近年来发展尤为迅速，环渤海区域逐渐成为我国北方地区重要的蔬菜生产基地。与此同时，生产要素投入结构也发生着变化，随着农村劳动力外出打工数量不断增加，“农民荒”现象较为突出，生产空间不断缩小，土地投入规模受限，种苗、农药、化肥等生产资料资本投入不断增加，生产要素投入的优化组合不断发生改变，由此推动着蔬菜产业发展。因此，在目前要素结构不断发生变化的背景下，以该地区为研究对象分析生产要素间的替代关系具有代表性。

调查采用分层抽样与随机抽样相结合的方法，首先选出所调查地区的主要生产区县，其次在选出的每个区县中对乡与村进行随机抽样，最后确定调研样本。剔除问题及无效问卷，有效问卷602份，其中，北京地区包括5个区22个乡镇45个村落，共计186个农户；山东地区包括2个区县4个乡镇10个村落，共计85个农户；辽宁地区包括4个区县12个乡镇38个村落，共计160个农户；天津地区包括6个区县12个乡镇22个村落，共计96个农户；河北地区包括2个区县5个乡镇10个村落，共计59个农户。

其中，农户在生产中的投入包括耕地、劳动时间、种子、机耕、化肥、农药、大棚建设费、农膜、水电等在内的9项生产要素，可归为土地、劳动和资本三类要素。产出运用2017年农户蔬菜产值来反映；在联立方程模型中，自变量包括家庭劳动力数量、是否参加政府技术培训、蔬菜播种面积、种菜年限、蔬菜收入占总收入比重、户主受教育程度。统计描述性分析见表5-1。

表5-1　实证模型中关键变量的统计描述性分析

变量	平均值	标准差
超越对数随机前沿生产函数模型		
蔬菜产值/元	29152.94	40816.78
土地/公顷	0.08	0.04
劳动/天	240.41	166.11
资本/元	10532.57	10776.47
联立方程模型		
家庭劳动力数量/人	2.43	0.97
参加政府技术培训	0.08	0.27
蔬菜播种面积/公顷	0.37	0.36
种菜年限/年	18.47	8.75

续表

变量	平均值	标准差
联立方程模型		
蔬菜收入占总收入比重	0.87	0.23
户主受教育程度/年	8.31	2.72

蔬菜投入产出情况，其中土地投入均值为 0.08 公顷，劳动力投入均值为 240.41 天，资本投入均值为 10532.57 元，蔬菜产值均值为 29152.94 元。替代关系的影响因素统计情况，家庭劳动力的均值为 2.43 人；参加政府培训次数为每年每户 0.08 次，说明接受过相关培训的次数较少；蔬菜播种面积平均为 0.37 公顷，说明并非所有蔬菜种植都是采用设施蔬菜技术方式；种菜年限平均为 18.47 年，说明种植蔬菜年限普遍较长，农户具有种植经验；蔬菜收入占总收入比重为 0.87，说明蔬菜产业是家庭收入的重要来源；户主受教育程度的均值为 8.31 年，说明户主受教育水平平均为初二。

5.3　要素产出弹性以及替代弹性系数估计

利用随机前沿生产函数模型进行估计，结果如表 5－2 所示。其中，γ 值均在 0.7 左右，说明随机扰动项主要来自技术非效率项，同时采用单边似然比对 γ 是否为 0 进行显著性检验，检验统计量 LR 渐进服从于混合 χ^2 分布，LR 单边检验值为 18.95，大于显著性水平为 1% 时的临界值（6.63），说明随机扰动项中一定存在技术非效率，因此，采用随机前沿生产函数是必要的。

表 5－2　随机前沿生产函数模型的估计结果

变量	参数估计	t 统计量
土地投入	3.70***	2.70
劳动投入	−0.24	−0.23
资本投入	−1.38*	−1.79
土地投入二次项	0.02	0.15
劳动投入二次项	0.12**	2.10

续表

变量	参数估计	t 统计量
资本投入二次项	0.18 ***	5.15
土地投入 × 劳动投入	−0.23	−1.56
土地投入 × 资本投入	−0.25 ***	−2.61
劳动投入 × 资本投入	0.05	0.83
常数项	0.96	6.08
技术非效率项的占比	0.74	
似然函数值	−705.29	
LR 单边检验误差	18.95	

注：＊＊＊、＊＊、＊分别表示1%、5%、10%显著性水平下显著。

根据回归系数和式（5－7）可以求出要素间的平均替代弹性。从表5－3可见，要素间平均替代弹性均大于0，说明要素间呈现一定的替代关系。具体对于两个要素间相互替代弹性比较而言：$0<\sigma_{KL}<1<\sigma_{LK}$，即劳动和资本要素之间存在双向替代关系，且呈现劳动对资本替代富有弹性；$0<\sigma_{LS}<1<\sigma_{SL}$，即土地对劳动的替代大于劳动对土地的替代；$0<\sigma_{KS}<1<\sigma_{SK}$，即土地对资本的替代大于资本对土地的替代。

表5－3　蔬菜的生产要素替代弹性

要素 j	要素 m		
	劳动	资本	土地
劳动	1	1.1525	0.8218
资本	0.7485	1	0.9660
土地	1.2994	1.1865	1

注：替代弹性表示要素 j 对要素 m 的替代。

5.4　蔬菜生产要素替代关系变化的影响因素分析

因变量选择3个要素6个替代关系，考察生产要素间替代关系发生变化的影响因素，结合表5－4说明影响因素的作用机制。

表5-4 要素替代弹性的影响因素（3SLS）

替代	影响因素					
	家庭劳动力数量	参加政府技术培训	蔬菜播种面积	种菜年限	蔬菜收入占总收入比重	户主受教育程度
（1）资本-土地	0.0187 (0.22)	-0.1905 (-0.64)	0.0044 (0.30)	0.0107 (1.14)	-1.2520*** (-3.43)	-0.0387 (-1.28)
（2）资本-劳动	-0.0031* (-2.38)	0.0018 (0.40)	-0.0003 (-1.26)	0.0002 (1.40)	-0.0062 (-1.09)	0.0005 (0.98)
（3）劳动-土地	-0.0019 (-0.10)	-0.0376 (-0.56)	0.0028 (0.81)	0.0006 (0.28)	-0.0733 (-0.89)	0.0086 (2.39)
（4）劳动-资本	-0.0109 (-1.36)	-0.0340 (-1.20)	0.0038*** (2.68)	-0.0002 (-0.23)	0.0016 (0.05)	0.0040 (1.41)
（5）土地-劳动	0.0536 (1.29)	0.4796*** (3.26)	0.0085 (1.15)	-0.0024 (-0.15)	0.2301 (1.29)	0.0271* (1.81)
（6）土地-资本	0.0091 (1.21)	-0.0453 (-1.69)	0.0044*** (3.30)	0.0002 (0.23)	0.0083 (0.25)	0.0023 (0.86)

注：①替代关系以劳动-土地为例，表示要素劳动对要素土地的替代；括号内数据为 t 值。

②***、*分别表示1%、10%显著性水平下显著。

家庭劳动力数量在资本对劳动替代弹性方程中回归系数为负，表明在劳动力资源较少的情况下，资本对劳动替代弹性会提高，在这种情景下，增加要素组合中资本投入数量，会优于之前的要素组合比例，进而产生更高的生产绩效；是否参加过政府组织的技术培训在土地对劳动替代弹性方程中的回归系数为正，接受技术培训次数越多的农户在生产要素选择中越倾向于增加土地投入，即增加生产规模；蔬菜播种面积在劳动对资本、土地对资本替代弹性方程中回归系数均为正，农户生产规模越大，劳动和土地生产要素对资本替代弹性越大，其在要素组合中越容易替代资本要素；种植年限对要素之间替代关系影响不显著；蔬菜收入占总收入比重在资本对土地替代弹性方程中回归系数为负，当蔬菜生产占家庭收入比重处于较小的阶段，资本对土地投入替代弹性会提高，在这个时期，增加资本要素的投入要优于土地要素；户主受教育程度在土地对劳动替代弹性方程中的回归系数为正，受教育程度高的农户更愿意扩大生产规模，提高土地对劳动要素投入的替代程度。

将不同情景下农户生产要素选择优先序汇总于表5－5。要素替代关系影响因素分析所揭示的是农户在不同情景下生产要素选择的优先序。按照不同要素进行情景分类：关于劳动力要素，当劳动力资源较少时，优先考虑增加资本要素，当劳动力素质提高时，如户主受教育程度较高或是接受过相关技术培训时，均会优先增加土地要素投入；关于土地要素，当种植规模扩大时，优先考虑增加劳动、土地要素；关于资本要素，当蔬菜收入占总收入比重减少时，优先考虑增加资本要素。

表5－5　不同情景下农户生产要素选择优先序

不同情景	优先序
劳动力要素相关：	
（1）劳动力资源较少	资本 > 劳动
（2）参加政府组织的技术培训	土地 > 劳动
（3）户主受教育程度提高	土地 > 劳动
土地要素相关：	
（4）蔬菜播种面积扩大	劳动 > 资本 土地 > 资本
资本要素相关：	
（5）蔬菜生产在农户家庭生产经营中所占比重减少	资本 > 土地

5.5　本章小结

本章通过生产要素间的替代关系来揭示地区的生产潜力，分别构建了北京及其供给主产地区的蔬菜超越对数随机前沿生产函数，测算了劳动、资本、土地三种要素间替代弹性，并通过联立方程组分析了影响这种替代弹性变化的主要因素，以此分析地区生产潜力。主要研究结论概括如下：

第一，根据生产函数测算的结果，三个要素之间均存在替代作用，并且综合来看，土地对其他要素的替代富有弹性，资本对其他要素的替代缺乏弹性。

第二，通过联立方程对影响因素进行分析，要素优化组合会形成不同的生产潜力，并且此潜力在具有不同经营特征以及要素禀赋的蔬菜种植户之间具有异质性。对于要素禀赋处于劣势的农户，当劳动力资源较少时，增加资本要素投入比例，会获得相对较高的收益；当蔬菜收入在总收入中比重较小时，其生产潜力更多来自资本要素投入。

第三，对于要素禀赋处于优势的农户，当户主受教育程度较高、接受过相关蔬菜种植技术培训时，增加土地要素投入比例，会获得相对较高收益；当种植规模扩大时，农户更重视劳动和土地要素的作用。

基于主要研究结论，提出如下政策建议：第一，针对具有不同经营特征以及要素禀赋的农户选择适合的要素投入组合，对于要素禀赋处于劣势的农户，其生产潜力更多来自资本要素投入，侧重产业发展的"深化"。需要激发资本对提高生产效率的活力，即对现有机械设施改造提升，提升产出率，同时加快新型肥料的应用，适当增加化肥施用，通过精准施肥、氮肥深施等措施提高化肥利用率，注重资本投入针对性，避免普惠式的投入与补贴，鼓励资本进入机械和施肥社会化服务中，进而减少田间管理环节的土地、劳动投入。第二，对于要素禀赋相对处于优势阶段的农户，其生产潜力更多来自土地要素投入，侧重产业发展的"广化"。随着外出劳动力增多，需要从增加劳动的有效供给入手，加大劳动力素质培训投入等，从而加强农户人力资本的提升，同时通过土地托管、土地股份合作等方式将土地成本内部化，积极推动土地流转，鼓励农户发展适度规模经营。

第6章　蔬菜供给模式及效率评价

蔬菜生产对蔬菜供给固然重要，而完善的流通体系也是实现蔬菜有效供给的重要推力，如何将生产出来的产品顺利流通到市场中是保障供给的重要环节。本章拟对蔬菜流通领域运行规律进行分析。蔬菜供给模式是指蔬菜从生产者转移到消费者的路径或过程，不同的途径或过程形成了多种蔬菜供给模式，从而构成了多样化的供给体系，同时，蔬菜种植户作为流通领域的源头，通过选择相应的供给模式进入竞争激烈、千变万化的市场。因此，了解不同模式的供给效率对于促进蔬菜顺畅流通具有非常重要的现实意义。

据此，以北京市蔬菜供给模式作为研究对象，分别基于蔬菜种植户和流通主体视角对不同供给模式进行效率评价。本章共分为四个部分：第一部分是蔬菜供给模式及特点；第二部分是蔬菜供给模式的效率评价方法；第三部分是蔬菜供给模式的效率分析；最后是本章小结。

6.1　蔬菜供给模式及特点

农产品供应链涵盖了从田间到餐桌、上下游各环节的供应链网络体系（刘兵，2013；隋博文，2016）。由定义可知，农产品供应链由生产、收购、加工、批发和零售五个环节构成，涉及农户、企业、合作社、中间收购商、加工商、物流商、批发商、零售商、消费者等各环节主体，它们共同完成蔬菜由农户到消费者的有效衔接（Jan，2005）。农产品供应链的基本结构如图6－1所示。

从图6－1可以看出，农产品供应链中涉及环节较多，各个节点之间都

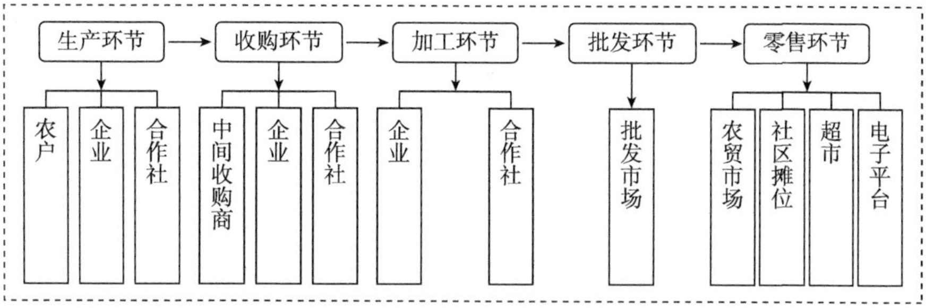

图6－1　农产品供应链的基本结构

可以发生交易，同时也可以略去相应的环节。

在对经营主体进行分析时，可以发现一家一户分散经营仍然是蔬菜生产销售的主要形式，那么蔬菜种植户是蔬菜供给模式中的关键部分。目前，衔接农户与市场之间的蔬菜供给模式呈现二元平行发展的特点：一种是中间收购商介入的传统供给模式，这是目前存在最广泛的供给模式，进一步可以分为以各级农产品批发市场为核心或以地头市场为核心，以社区市场、农贸市场、企业、机关为零售终端的传统供给模式。另一种是连锁超市介入的现代供给模式，在这种模式中，农户直接和企业或是合作社签订合同，形成订单农业，农户按照订单要求生产，将产品卖给企业或合作社，企业或合作社将产品转卖给批发商，批发商再卖给零售终端，或是农户合作社与超市直接对接，对产品实行基地直采形式，终端市场主要为超市。分别基于蔬菜种植户和流通主体环节对供给模式进行分解分析，第一部分是供给模式中关于蔬菜种植户进入蔬菜市场的环节；第二部分是供给模式中蔬菜从市场到消费者的环节，可以简单归纳为图6－2。

第一部分是基于蔬菜种植户环节分析的供给模式，可以发现蔬菜种植户进入蔬菜市场呈现二元平行发展的特点，即蔬菜种植户进入流通市场主要借助中间收购商，这是蔬菜种植户与市场联系的最主要媒介，或是蔬菜种植户、合作社与超市直接对接，对产品实行基地直采形式。因此，这个环节可以进一步分为两种类型：中间收购商介入的传统类型和不经过中间收购商的现代类型。

第二部分是基于流通主体环节分析的供给模式，可以进一步细分为三

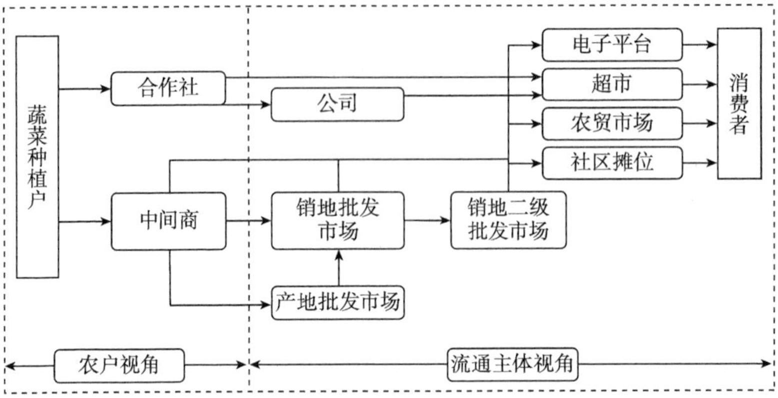

图 6－2　北京市蔬菜的基本供给模式

种类型：一是以地头市场为核心；二是以农产品批发市场为核心；三是以连锁超市为核心。

第一种以地头市场为核心，不经过批发环节，零售商直接与蔬菜种植户在地头市场进行交易，实现了产销对接，减少了中间环节，因此降低了中间环节成本。

第二种以农产品批发市场为核心，蔬菜在产地和销地都需要经过批发市场，零售商从批发市场处采购蔬菜，然后销售给消费者，这种模式目前较为常见。批发市场较强的集散功能可以同时满足蔬菜种植户与中间流通主体的需求。

第三种以连锁超市为核心，这种环节中，蔬菜种植户直接与合作社或企业签订合同，形成订单农业，蔬菜种植户按照订单生产，由合作社来收购，并配送到连锁超市，中间环节较少，与前两种模式相比，环节之间联结较为紧密，既可以保证农产品质量安全，又具有安全可追溯性。

关于第一部分与第二部分的衔接，第一部分中的第一种类型分别与第二部分中的第一种、第二种类型联结，它们均构成了中间收购商介入的传统供给模式，其终端零售商主体大多为农贸市场，农贸市场可以为居民提供新鲜且价廉的蔬菜，是蔬菜购买的主要场所，具有一定的市场竞争优势，但是此模式的中间环节之间联结较为松散，因此，无法保证产品的安全性与可靠性，不具有可追溯性；第一部分中第二种类型与第二部分中第三种类型链接，它构成了连锁超市介入的农超对接模式，其终端零售商主体大多为超市、社区菜店等，适用于一些中高收入的人群，他们对蔬菜品质和品种有较高的需求，蔬菜具有可靠的质量和安全保障。

6.2　蔬菜供给模式的效率评价方法

供给模式效率是一个多维概念，反映了农产品在流通过程中各种产出与投入之间的比较，换言之，衡量的是成果与消耗比率、产出与投入比率。对于第一部分基于农户视角分析的供给模式，仅一个环节，采用距离函数来测算农户供给模式的投入与产出关系（孙剑，2011）；对于第二部分基于流通主体视角分析的供给模式，采用各流通环节费用以及流通价差结构来分析供给模式的效率。

（1）距离函数。借鉴生产函数的分析框架，将第一部分中蔬菜种植户销售蔬菜的过程表示为投入与产出的技术关系，即利用有限资源投入获得最大蔬菜流通产出的能力，通过距离函数测算关于农户的供给模式效率（欧阳小迅，2011）。

种植户蔬菜流通产出集合 $P(x_k)$ 是指 N 种要素投入 x 所得到蔬菜流通产出的所有可能组合，假定有 k 个决策单元，其投入产出向量为（$x_{K\times N}$，$y_{K\times N}$），因此运用相关投入产出数据构建的蔬菜流通生产技术函数如下：

$$P(x_k) = \begin{cases} \sum_{k=1}^{K} v_k y_k \geqslant y_k \\ \sum_{k=1}^{K} v_k x_k \leqslant x_k \end{cases} \tag{6-1}$$

种植户蔬菜流通产出距离函数为：

$$D_0(x_k, y_k) = \inf\{\mu : \mu \in P(x_k)\} = \sup\{\mu : \mu \in P(x_k)\}^{-1} \tag{6-2}$$

种植户蔬菜供给效率为：

$$\frac{1}{D_0}(x_k, y_k) \tag{6-3}$$

基于蔬菜种植户分析的供给模式效率测度了流通过程中投入—产出的转化效率，效率值介于 0 与 1 之间。无须考虑具体的函数形式，采用 DEA 方法来进行测算。

$$[D_0(x_k,y_k)]^{-1} = \max_{\mu,\theta}\mu$$
$$\text{s.t.} \sum_{k=1}^{K}\theta_k y_k - \mu y_k \geqslant 0$$
$$\sum_{k=1}^{K}\theta_k x_k - x_k \leqslant 0$$
$$\theta_k \geqslant 0 \tag{6-4}$$

（2）流通成本。流通成本是指蔬菜在生产、流通各环节中所产生的成本，包括农产品收购费、运输费用、人工费、市场管理费、摊位费、包装费等，流通成本越低，对应的流通中的消耗越低，则该类型的流通效率越高（王素霞，2007）。

（3）流通费用率。流通费用率是指流通各环节所需要付出的流通成本与实现收益的比例，流通费用率越低，对应的流通中的获利越高，则该类型的流通效率越高（张复宏等，2015）。

（4）生产者分得比率。生产者分得比率是指将蔬菜价格分为蔬菜种植户和流通主体两个部分，其中农户部分称为"农业份额"，即消费者所支付的价格中，生产者可以分得的比重，流通主体部分称为"流通加价"，即消费者所支付的价格中，流通主体可以分得的比重，生产者分得比率在某种程度上衡量了哪种类型蔬菜种植户获益更多（陈耀庭，2015）。

6.3 蔬菜供给模式的效率分析

6.3.1 基于蔬菜种植户环节的供给模式效率分析

6.3.1.1 数据来源

本章采用课题组 2013—2014 年实施的农户调研数据，其中北京地区 418 户，除了包括第 5 章农户蔬菜生产投入等涉及蔬菜种植户基本特征以及生产经营现状的问题外，还加入了销售费用以及供给模式选择基本情况的问题。不同蔬菜供给模式的出售产值作为每个供给模式的产出指标 Y（元），投入指标用生产中物质与服务费用 X_1（元）、从事蔬菜生产和销售的劳动人数 X_2（人）以及蔬菜流通中销售费用 X_3（元）三个变量来表示（王彬，2008）。其中，产出指标通过农户总出售产值与出售给中间收购商的比例相乘来计算；生产中物质与服务费用包括化肥、水电、农药、农膜、种苗、机耕以及大棚建设等生产投入支出；蔬菜流通中销售费用包括包装费、运输费以及进场费等销售投入支出。基本情况汇总见表6－1。

表6－1 两种类型投入产出基本情况

项目	DUM	Y/元	X_1/元	X_2/人	X_3/元
不经过中间收购商的现代供给环节	34	21487	6186	2	1359
中间收购商介入的传统供给环节	384	15400	6619	2	714
总体	418	15896	6884	2	821

在北京市蔬菜种植户中，相较于传统供给模式，现代供给模式可以获得较高的市场价值。在投入要素方面，现代模式在生产环节的投入略低于传统模式，但在销售环节的投入远高于传统模式，两种模式在劳动投入方面相同。

6.3.1.2 结果分析

通过DEA测算两种类型的效率，测算的效率反映了蔬菜种植户出售蔬菜实现市场价值的效率（见表6－2）。总体来看，两种类型的效率值均偏低，约为0.173。通过对比分析，可以发现现代模式的效率要高于传统模式，尽管现代模式的发展仍然比较缓慢，它还没有被农户广泛采用，但是对比传统模式，这种现代模式更具有获得市场价值的能力，是完善现有供给模式体系的突破口。

表6－2 两种类型的效率

	中间收购商介入的传统类型	不经过中间收购商的现代类型	平均
效率	0.168	0.236	0.173

6.3.2 基于流通主体视角的供给模式效率分析

6.3.2.1 数据来源

通过对流通相关主体的深度访谈获得第一手资料。中间环节的流通成本较为固定，蔬菜品种对结果影响较小，同时考虑北京地处北方，果菜类是主要的种植和消费品种，因此本章在对第二部分供给模式的效率测算时选取黄瓜作为研究对象。调查的主要流通主体包括中间收购商、批发市场批发商、零售商等，其中访谈了5个中间收购商，主要来自北京的顺义与大兴、河北的固安与永清；10位批发商中有6位来自北京新发地批发市场，4位来自北京清河小营批发市场；15位零售商来自北京清河小营市场、八里庄农贸市场、美廉美超市、家乐福超市。调研时间为2015年7—8月，主要对各流通环节的主体进行调研，内容涉及流通过程中的进价、流通成本、销售价格等。

基于流通主体环节的供给模式分为三类（见表6-3），分别为：第一种是以地头市场为核心的产销对接类型，零售商直接与蔬菜种植户在地头市场进行交易；第二种是以农产品批发市场为核心的类型，零售商从批发市场处采购蔬菜，然后销售给消费者；第三种是以连锁超市为核心的类型，农户按照订单生产，由合作社来收购，并配送到连锁超市。

表6-3 基于流通主体环节供给模式的基本情况

编号	类型	供给模式的构成
1	以地头市场为核心	中间收购商—零售商—消费者
2	以批发市场为核心	中间收购商—（产地批发商）—（销地批发商）—零售商—消费者
3	以连锁超市为核心	合作社—超市—消费者

注：括号内主体在模式中不是必须存在的。

6.3.2.2 结果分析

三种类型成本结构分别如表6-4、表6-5、表6-6所示。其中，第一种类型的流通成本主要来自三个环节，包括地头市场、长途运输以及销地零售市场；第二种类型的流通成本主要来自四个环节，包括产地批发市场、长途运输、销地批发市场以及销地零售市场；第三种类型的流通成本主要来自三个环节，包括合作社收购、长途运输以及连锁超市经营。

表6-4 第一种类型各流通环节成本构成 单位：元/公斤

流通环节	成本项目	成本
地头市场	代理费	0.100
	包装费	0.250
长途运输	运费	0.130

续表

流通环节	成本项目	成本
销地零售市场	摊位费	0.110
	包装费	0.110

表 6－5　第二种类型各流通环节成本构成　　单位：元/公斤

流通环节	成本项目	成本
产地批发市场	包装费	0.250
	装车费	0.013
	市场管理费	0.005
长途运输	运费	0.075
销地批发市场	市场管理费	0.033
	人工费	0.038
销地零售市场	摊位费	0.220
	包装费	0.110

表 6－6　第三种类型各流通环节成本构成　　单位：元/公斤

流通环节	成本项目	成本
合作社收购	收购运输费	0.280
	包装材料费	0.500
	人工费	0.560
长途运输	运费	0.400
连锁超市	包装材料费	0.700
	人工费	0.200
	超市管理费	1.000
	包装费	1.000

根据成本结构，扣除各流通环节的进货价后，分别计算出三种类型下各流通环节及模式整体的流通成本、流通费用率和生产者分得比率，如表 6－7 和表 6－8 所示。

表 6-7　不同类型下流通成本与流通费用率

类型	中间环节		零售环节		整体	
	成本/（元/公斤）	费用率/%	成本/（元/公斤）	费用率/%	成本/（元/公斤）	费用率/%
1	0.48	16.00	0.22	4.40	0.70	8.75
2	0.41	11.10	0.33	5.50	0.74	7.63
3	1.74	0.00	2.90	37.18	4.64	59.49

表 6-8　不同类型效率测算指标汇总

类型	流通成本/（元/公斤）	流通费用率/%	生产者分得比率/%
1	0.70	8.75	60.00
2	0.74	7.63	16.67
3	4.64	59.49	44.87

第一个测算指标是流通成本。三种类型的流通成本的高低顺序为：以连锁超市为核心 > 以农产品批发市场为核心 > 以地头市场为核心。其中，成本最高的是以连锁超市为核心的类型，因为在中间环节中，合作社与农户签订合同，对农户从生产到收购各个环节进行标准化的管理和在蔬菜收购整理过程中进行了多次包装，以及超市在零售环节还需要支付较高的摊位费和人工费。但与此同时，成本支出也获得了优良的销售环境和较长的货架期，进而提升了消费者的满意度，使超市得到了销售溢价，每公斤可达到3.5～4.3元。以农产品批发市场为核心的供给模式的流通成本次之，在中间环节中，该模式发挥了批发商的规模优势，较大的进货与出货量使单位产品成本在三种类型中最低，但是在最终零售环节中，由于之前经过的流通环节远多于以地头市场为核心的类型，蔬菜经过多次加价，最终造成了较高的流通成本。以地头市场为核心的这种类型是我国最为传统的形式，这种类型至今仍然具有旺盛的生命力，其可能的原因在于它有效地连接了农户和零售市场，经过的中间环节较少，但缺陷是规模相对较小。

第二个指标是流通费用率。三种类型的费用率的高低顺序为：以连锁超市为核心 > 以地头市场为核心 > 以农产品批发市场为核心。以连锁超市为核心的类型流通费用率最高，即流通效率最低，说明该类型目前并非处于最优状态。这主要是受连锁超市零售形态规模的限制，无法实现大规模的进货需求，加上较高的摊位费和人工费，由此造成单位产品成本较高，从而无法达到最优效率。但这并不意味着农超对接这种新类型的发展思路是错误的，这可能是由于该类型处于发展的初级阶段，现代化、组织化和科学化还有待完善。以农产品批发市场为核心的类型流通效率最高，北京市是一个特大型消费城市，是北方农产品流通网络的中心，批发市场作为连接销区、产区、集散地的枢纽发挥着较大的作用，与此匹配的服务管理、政策支持以及基础设施建设近年来逐渐完善起来，可以为中间环节中各流通主体提供较为满意的服务，同时批发市场每天进货量和运输量较大，分摊以后的单位产品成本较低，从而费用率较低。对于以地头市场为核心的这种类型，其零售价格低廉也会拉高流通费用率。

第三个指标是生产者分得比率。三种类型的蔬菜种植户分得比率的高低顺序为：以地头市场为核心 > 以连锁超市为核心 > 以农产品批发市场为核心。以地头市场为核心的类型是生产者分得比率最高的，可能是由于生产者承担了零售商承担的蔬菜采收、分级、选别、销售、运输等职能，因此比率较高；以连锁超市为核心的类型相较于以农产品批发市场为核心的类型，会更多地考虑种植户的利益，其农产品的收购价格在三种模式中最高，而批发市场是从全国调运农产品，相对青睐价格低廉的产品，使以连锁超市为核心的生产者分得比率要高于以农产品批发市场为核心的类型。可以发现，随着中间流通环节的增多，生产者分得比率会不断下降。

综上所述，在三种类型中，从流通成本来看，以连锁超市为核心 > 以农产品批发市场为核心 > 以地头市场为核心；从流通费用率来看，以连锁超市为核心 > 以地头市场为核心 > 以农产品批发市场为核心；从生产者分得比率来看，以地头市场为核心 > 以连锁超市为核心 > 以农产品批发市场为核心。可见，从流通成本、生产者分得比率的角度，以地头市场为核心的类型是最理想的供给类型，从流通费用率的角度，以农产品批发市场为核心的类型是最理想的类型，而连锁超市的功能还没有充分显现。

6.3.3 供给模式效率分析

第一部分中的第一种类型分别与第二部分中第一种、第二种类型联结，它们均构成了中间收购商介入的传统供给模式。第一部分中的第二种类型与第二部分中第三种类型联结，它构成了连锁超市介入的农超对接模式。在蔬菜种植户环节，现代类型在生产方面的投入略低于传统类型，但是在销售方面现代类型的投入远高于传统类型，蔬菜种植户的整体效率偏低；在流通视角环节，从流通成本、生产者分得比率的角度，以地头市场为核心的类型是最理想的，从流通费用率的角度，以农产品批发市场为核心的类型是最理想的，因此，在流通效率方面，以农产品批发市场为核心和以地头市场为核心的传统类型要优于以连锁超市为核心的现代类型。

6.4 本章小结

本章分别基于蔬菜种植户环节和流通环节对北京市蔬菜供给模式进行了分解，并分别运用距离函数和流通成本、流通费用率以及生产者分得比率对北京市蔬菜供给模式的效率进行了评价。

通过分析，可以得到以下结论：第一部分是供给模式中关于蔬菜种植户进入蔬菜市场的环节，蔬菜种植户进入市场可以进一步分为两种类型——中间收购商介入的传统类型和不经过中间收购商的现代类型，其中现代类型在生产方面的投入略低于传统类型，但是在销售方面的投入远高于传统类型。基于蔬菜种植户环节分析供给模式的效率，反映了种植户出售蔬菜实现市场价值的效率，蔬菜种植户的整体效率偏低，不经过中间收购商的类型的效率略高于中间收购商介入的传统类型。第二部分是供给模式中蔬菜从市场到消费者的环节，蔬菜从进入市场到最终消费的环节可以分为三种类型——以农产品批发市场为核心、以地头市场为核心和以连锁超市为核心。从流通成本、生产者分得比率的角度，以地头市场为核心的类型是最理想的；从流通费用率的角度，以农产品批发市场为核心的类型是最理想的，而以连锁超市为核心的类型的效率优势还没有充分显现。

第 7 章　蔬菜供给模式与农户选择

前述从农户环节和流通主体环节对蔬菜供给模式进行了分解，并结合对经营主体的分析可以发现，一家一户分散经营仍然是蔬菜生产销售的主要形式，那么供给模式选择的关键在于农户销售模式的选择。本章基于农户视角对供给模式的选择进行分析。通过第 3 章对蔬菜供给模式现状的分析，可以看出蔬菜种植户进入蔬菜市场的模式呈现二元平行发展的特点：一种为中间收购商介入的传统供给模式，即种植户进入流通市场主要借助于中间收购商，这是蔬菜种植户与市场联系的最主要媒介，蔬菜中间收购商一般由本地或外地专门从事蔬菜贩运和批发零售的群体组成，蔬菜生产出来后首先卖给他们，他们小范围批量收购后再将蔬菜转卖给上一级的批发商，批发商再转卖给零售商，完成蔬菜的流通。同时也出现了一些新的模式——连锁超市介入的现代供给模式，蔬菜种植户直接和企业或合作社签订合同，形成订单农业，种植户按照订单要求生产，将产品卖给企业或合作社，企业或合作社将产品转卖给批发商，批发商再卖给零售终端；或是蔬菜种植户、合作社与超市直接对接，对产品实行基地直采的形式。企业、合作社及超市等现代流通模式已经出现，并呈显著增长的趋势，那么，在这种背景下，蔬菜供给过程中蔬菜种植户选择的主要供给模式是什么？这种供给模式的存在有什么必要性？哪些因素影响蔬菜种植户的选择？

本章以北京市及主产地的蔬菜种植户作为研究对象，通过 SWOT 分析法揭示中间收购商对农户选择供给模式的作用，并分析农户选择行为与其影响因素之间的作用机制。本章共分为六部分：第一部分是蔬菜供给模式选择的分析框架；第二部分是 Tobit 模型及数据来源；第三部分是农户蔬菜供给模式选择的描述性分析；第四部分是中间收购商在农户蔬菜供给模式选择中的作用；第五部分是农户蔬菜供给模式选择的影响机制分析；最后是本章小结。

7.1　蔬菜供给模式选择的分析框架

农户可以选择不同的供给模式，影响其选择的因素是多样化的，既包括内在因素如农户特征、农户经营特征，又包括外在因素如交通条件、市场信息。内在因素反映了农户所拥有的资源、能力和发展机会，外在因素则反映了农户所处的环境。蔬菜供给模式选择的分析框架图（见图 7－1）描述了农户选择供给模式的作用机制，即内在因素和外在因素共同决定了农户的选择。

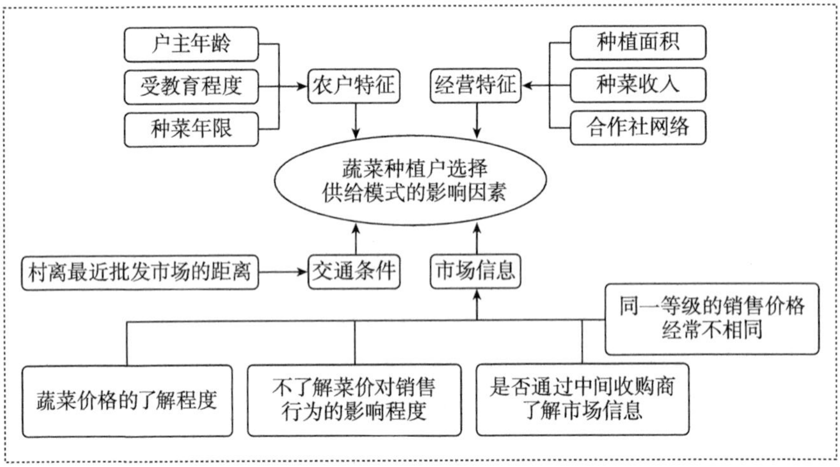

图 7－1　农户选择供给模式分析框架

7.2　Tobit 模型及数据来源

为了分析不同因素对农户供给模式选择行为的实际影响，本书建立了如下计量经济模型：

$$Y = f(\text{农户特征，经营特征，交通条件，市场信息}) \quad (7-1)$$

因变量 Y 为卖给中间收购商的数量占农户总销量的比例，介于 0 到 1 之间，说明因变量受双边断尾的约束（陈强，2010），因此选择 Tobit 模型进行估计。

7.2.1　Tobit 回归模型数学表达式

Tobit 回归模型最早由诺贝尔经济学奖获得者 James Tobin 于 1958 年提出，若分析的数据具有部分连续和部分离散的特点，普通最小二乘法不再适用，通常采用 Tobit 模型进行估算。Tobit 回归模型不同于离散选择模型和一般意义上的连续变量选择模型，它的特点是允许因变量的取值有限制、存在选择性行为。模型包含两部分：一是表示约束条件的选择方程模型［公式 (7-2)］；二是满足约束条件的某连续变量方程模型［公式 (7-3)］。

Tobit 回归模型的基本形式为：

$$y_i^* = x_i\beta + \mu_i \quad \mu_i \sim N(0,\sigma^2) \tag{7-2}$$

$$y_i = \begin{cases} y_i^* & y_i^* > 0 \\ 0 & y_i^* \leqslant 0 \end{cases} \tag{7-3}$$

其中因变量 y^* 为潜变量，y 为 y^* 的观测变量：当 $y^*>0$ 时，所观测的变量 $y=y^*$；当 $y^*\leqslant 0$ 时，所观测的变量 $y=0$。x 为自变量。通过公式 (7-3)，y^* 的值域被转化到 y 的值域，观测数据集存在不少 0 值。若采用最小二乘法进行估计，会产生有偏的估计，因此，采用极大似然法 Tobit 模型估计回归参数。

$$P(y_i=0)=P(y_i^*\leqslant 0)=P(\frac{y_i^*-x_i\beta}{\sigma}\leqslant\frac{0-x_i\beta}{\sigma})$$

$$=\Phi(-\frac{x_i\beta}{\sigma})=1-\Phi(\frac{x_i\beta}{\sigma}) \tag{7-4}$$

$$P(y_i=y_i^*)=P(y_i^*>0)=\frac{1}{\sigma\sqrt{2\pi}}e^{-\frac{(y_i-x_i\beta)^2}{2\sigma^2}} \tag{7-5}$$

对数似然函数为：

$$L=\prod_{y_i>0}\frac{1}{\sigma\sqrt{2\pi}}e^{-\frac{(y_i-x_i\beta)^2}{2\sigma^2}}\prod_{y_i=0}1-\Phi(\frac{x_i\beta}{\sigma}) \tag{7-6}$$

两边同时取对数：

$$\ln L = \sum_{y_i>0} -\frac{1}{2}\left[\ln(2\pi) + \ln\sigma^2 + \frac{(y_i - x_i\beta)^2}{\sigma^2}\right] + \sum_{y_i=0}\ln\left[1 - \Phi\left(\frac{x_i\beta}{\sigma}\right)\right] \tag{7-7}$$

$$\frac{\partial \ln L}{\partial \beta} = -\frac{1}{2}\sum_{y_i>0}\frac{2(y_i - x_i\beta)}{\sigma^2}x_i + \sum_{y_i=0}\frac{1}{1-\Phi\left(\frac{x_i\beta}{\sigma}\right)}\left[f\left(\frac{x_i\beta}{\sigma}\right)\frac{x_i}{\sigma}\right] = 0 \tag{7-8}$$

从而求得参数 β。

$$E(y|X) = P(y>0|X)\cdot E(y|y>0,X) + P(y=0|X)\cdot E(y|y=0,X) \tag{7-9}$$

$$= \Phi\left(\frac{x_i\beta}{\sigma}\right)X\beta + \varphi\left(\frac{x_i\beta}{\sigma}\right) \tag{7-10}$$

公式中 $\Phi(\cdot)$，$\varphi(\cdot)$ 分别代表标准正态分布的分布函数和概率密度函数。

通过 Tobit 方法可以得到一致的估计结果，但是自变量 X 变化的边际效果不同于最小二乘法所得到的估计系数，需要进一步结合公式（7－11）进行测算。

可以进一步求 $E(y|X)$ 对 x_i 的偏导数，即可求的第 i 个解释变量的边际效应如下：

$$\frac{\partial E(y|X)}{\partial x_i} = \beta_i\Phi\left(\frac{X\beta}{\sigma}\right) \tag{7-11}$$

7.2.2 蔬菜供给模式农户选择行为的回归模型

农户与市场的联系纽带或是中间收购商或是合作社，蔬菜销售给中间收购商所占的比重在一定程度上可以反映农户供给模式的选择行为（屈小博，2007），即销售给中间收购商的比例越高，说明农户进入流通市场主要借助中间收购商，越接近传统的供给模式，反之，比例越低，说明农户在供给模式选择时越倾向不经过中间收购商的现代流通模式。因此，实证中可以用农户销售给中间收购商的蔬菜数量占农户蔬菜总销售数量的比例表示农户供给模式的选择行为。

对于影响因素的选择（见图7－1），主要包括蔬菜种植户自身特征、经营特征、交通条件与市场信息四个方面（齐文娥，2009）。其中，蔬菜种植户特征反映了种植户所拥有的人力资本，用户主年龄、种菜年限、受教育程度来衡量；经营特征反映了种植户所拥有的自然资本、金融资本、社会资本，用蔬菜播种面积、蔬菜收入占蔬菜种植户总收入的比重、是否为合作社成员来衡量；交通条件反映了蔬菜流通中交通设施的便利程度，以村离最近批发市场的距离来衡量；市场信息反映了蔬菜种植户获取市场信息的途径与程度，通过对市场行情的了解程度、是否通过中间收购商来了解市场信息、市场信息对蔬菜种植户销售行为的影响、蔬菜价格差异四个变量来反映市场的信息成本，其中前三个变量反映了蔬菜种植户获取市场价格信息的难易程度，是农户选择供给模式的基础，后一个变量反映了信息成本中价格的不确定性，同一等级的蔬菜销售价格差异越大，说明市场交易越难达成，体现了市场的谈判成本。

7.2.3　数据来源

数据来源与第5章相同，主要来自对北京市及其供给主产地辽宁、山东、河北以及天津的农户调研。其中北京地区418户，外埠地区911户（其中辽宁443户、山东331户、天津70户、河北67户）。除了包括第5章农户蔬菜经营规模中投入产出、种植以及家庭基本特征等涉及农户基本特征以及生产经营的现状的问题外，还加入了对交通情况、市场信息等影响供给模式选择因素的分析。表7－1整理了关于北京市自产蔬菜以及外埠供应地区（山东、辽宁）农户供给模式的选择意愿以及其影响因素的详细解释和统计特征。

表7－1　供给模式选择的影响因素

变量	类型	相关解释	北京本地	主产地
Y （销售给中间收购商的比例）	因变量	种植户销售蔬菜时出售给收购商的数量比重	0.86	0.95

续表

变量	类型	相关解释	北京本地	主产地
X_1（户主年龄）	农户特征	农户年龄	49	47
X_2（受教育程度）		户主受教育年限	9.88	8.42
X_3（种菜年限）		种植蔬菜的年数	15.60	14.72
X_4（种植规模）	经营特征	家庭所拥有蔬菜的耕地面积	9.39	4.49
X_5（种菜收入占总收入的比重）		家中种植蔬菜获得的收入占家庭总收入比重	0.79	0.88
X_6（是否为合作社成员）		是否为合作社成员	0.34	0.17
X_7（村离最近批发市场的距离）	交通条件	离最近批发市场的距离	5.28	4.26
X_8（是否了解蔬菜价格）	市场信息	是=1；否=0	0.68	0.63
X_9（不了解价格会给销售带来影响）		是=1；否=0	0.78	0.77
X_{10}（通过中间商了解价格行情）		是=1；否=0	0.69	0.71
X_{11}（同一等级蔬菜的价格经常不同）		是=1；否=0	0.51	0.55

北京和外埠地区 Y 的均值分别为0.86和0.95，说明蔬菜种植户通过中间收购商进行销售的产品比重达到86%以上，说明中间收购商介入的供给模式是所调研蔬菜种植户选择的主要模式。对于农户特征，蔬菜种植户的年龄普遍偏大、种菜年限较长；对于经营特征，蔬菜种植规模普遍较小，说明大多数种植户属于中小规模的生产经营，其中北京地区人均菜地的拥有量略高于外埠地区，参加合作社的农户比重也高于外埠地区，但是外埠地区种植户蔬菜收入占总收入的比重高于北京地区；对于交通条件，选取了村离最近批发市场的距离来描述，即使蔬菜种植户将农产品送往本地批发市场，实际上他们仍是销售给了中间收购商，可以看到北京地区种植户离批发市场的距离略大于外埠地区；对于市场信息，北京地区蔬菜种

植户对市场信息的了解程度优于外埠地区。无论北京地区还是外埠地区，多数种植户了解市场信息是通过中间收购商，不了解本地市场信息会对供给模式的行为选择带来一定的影响。北京地区市场交易成本相对较低，市场发展较为成熟。

7.3　农户蔬菜供给模式选择的描述性分析

所调研的北京本地蔬菜种植户蔬菜销售的第一买方包括地头中间收购商、批发市场中间收购商、农贸市场消费者以及合作社，如图7－2所示。61.38%的蔬菜种植户只选择一种销售对象，30.08%的种植户选择两种销售对象，选择三种和四种销售对象的种植户仅为6.91%和1.63%，说明蔬菜种植户选择的销售对象相对单一。

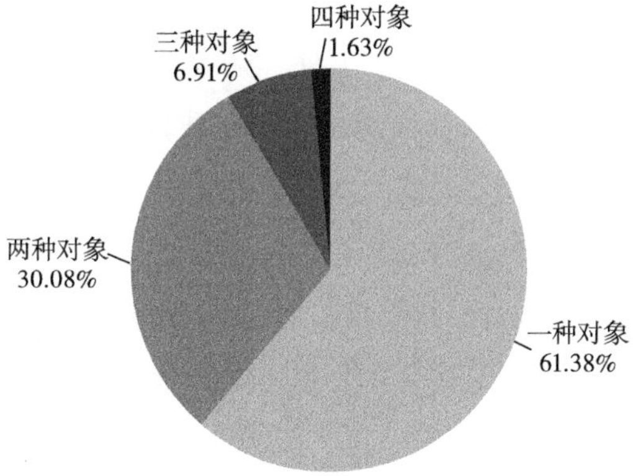

图7－2　北京市蔬菜种植户销售对象选择

表7－2反映了样本中蔬菜种植户选择不同供给模式所占的比重。可以看到，无论是北京本地还是外埠地区，目前大多数蔬菜种植户选择地头中间收购商或批发市场中间收购商作为销售对象，占到调研对象总体的90%以上，体现了通过中间收购商进入市场是蔬菜种植户参与蔬菜流通的主要供给模式。选择合作社、超市以及企业等现代模式的种植户所占比例较小。上述供给模式比较符合目前农村分散的小农经营背景，可以方便蔬菜种植户进行交易。北京地区农村距离批发市场的距离要大于外埠地区，因此北京本地与中间收购商进行交易的场所多在地头，而外埠地区选择地头

与批发市场的比例比较接近。

表 7－2　北京本地与主产地区蔬菜种植户选择供给模式的现状　（%）

地区	经过中间收购商			不经过中间收购商			
	合计	地头中间商	批发市场中间商	合计	合作社	超市	企业
北京本地	93	75.4	17.6	7	5.6	0.4	1
外埠地区	96	40.5	55.5	4	4.0	0	0

蔬菜种植户销售给中间收购商的比例也不同（见表 7－3），比例越高，反映中间收购商参与蔬菜流通的程度越深，北京本地和外埠地区蔬菜种植户中有 80% 以上的产品销售对象是中间收购商，分别占到种植户总体的比例为 85.41% 和 93.22%。总体来看，无论是主销地北京本地还是主产地外埠地区，种植户主要通过中间收购商进入市场，在关于北京及主产地区的已有研究中也得到了相似的结论。另外，随着种植户销售给中间收购商的比例增大，蔬菜供给模式的选择越接近中间收购商介入的传统流通模式，反之，越接近不经过中间收购商的现代流通模式。本章采用蔬菜种植户销售给中间收购商的蔬菜数量占蔬菜总销售数量的比例作为分析蔬菜种植户供给模式选择的依据。对比外埠地区，北京本地蔬菜种植户选择的供给模式可能更多样，选择农超对接、企业直送等新型供给模式的种植户数量多于外埠地区。

表 7－3　北京本地与主产地区蔬菜种植户销售给中间收购商的比例情况

地区	销售给中间收购商比重	0	30% 以下	31% ～50%	51% ～80%	80% 以上
北京本地	蔬菜种植户/户	17	10	10	24	357
	比例/%	4.07	2.39	2.39	5.74	85.41
主产地区	蔬菜种植户/户	21	13	10	16	851
	比例/%	2.29	1.41	1.06	1.76	93.22

7.4　中间收购商在农户蔬菜供给模式选择中的作用

蔬菜种植户的规模呈现小而分散的特征，因此其参与农产品流通具有天然的弱势。通过中间收购商进入市场是以中间收购商为媒介，在种植户与市场之间架起了一座桥梁，从而加快了蔬菜等农产品的流通，促进了农村经济的发展。虽然企业、合作社及超市等现代流通模式已经出现（董晓霞等，2006），并呈显著的增长趋势，但目前中间收购商介入的供给模式仍是主要模式，说明其存在具有一定的必要性，进一步结合 SWOT 分析法对中间收购商在流通中的作用进行分析（见图7－3）。

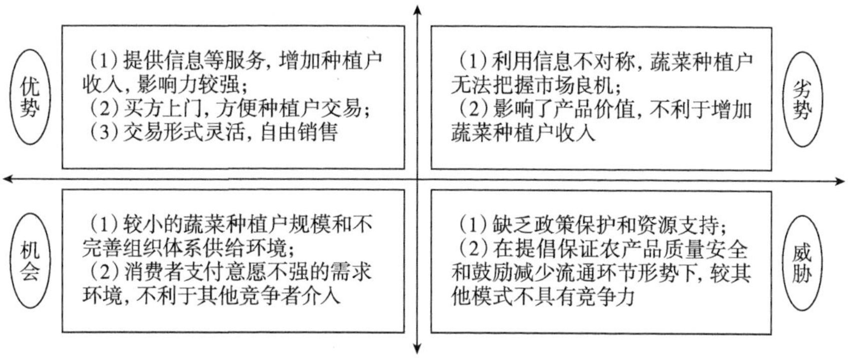

图7－3　中间收购商的 SWOT 分析

（1）优势因素。首先，中间收购商在流通中承担了为蔬菜种植户提供信息传播、种源推介等服务，从而有利于农产品生产、销售以及提高种植户收入；其次，具有买方上门的服务性质，方便了农户交易，缩短了蔬菜种植户销售农产品的时间；最后，交易形式比较灵活，蔬菜种植户可以分享价格上涨带来的好处。

（2）劣势因素。一是中间收购商有时会利用蔬菜种植户对市场价格信息存在不对称的劣势，从中获取额外利润，导致出现种植户不能及时把握市场良机等这些现象；二是中间收购商团队现阶段仍存在规模小、数量众多、组织化程度偏低和竞争激烈等特征，这就难以保证农产品的标准化和质量安全，从而影响了农产品应有的价值，不利于增加蔬菜种植户的收入。

（3）机会因素。较小的蔬菜种植户规模和不完善的组织体系导致蔬菜种植户与市场之间的交易成本上升，加上消费者支付意愿不强的需求环境，都不利于其他竞争者的介入。

（4）威胁因素。对中间收购商缺乏有力的政策保护和资源支持，制约了其发展，另外，在提倡保障农产品质量安全和鼓励减少流通环节的政策环境下，相较于其他流通主体，中间收购商不具有竞争力。

7.5 农户蔬菜供给模式选择的影响机制分析

研究采用Tobit模型对蔬菜种植户选择供给模式的影响因素进行了分析，北京本地及外埠地区的计量分析结果汇总见表7－4。

表7－4 农户选择供给模式的影响因素模型估计结果及边际效应

变量	北京本地		外埠地区	
	回归系数	边际效应	回归系数	边际效应
X_1 （户主年龄）	0.0267** （2.40）	0.0035	－0.0217 （－0.88）	0.0007
X_2 （受教育程度）	－0.0047 （－0.13）	－0.0006	－0.0984 （－0.96）	－0.0031
X_3 （种菜年限）	－0.0001 （－0.09）	－0.0000	0.0231 （0.75）	0.0007
X_4 （种植规模）	－0.0001 （－0.01）	－0.0000	0.0086 （0.15）	0.0002
X_5 （种菜收入占总收入比重）	－0.2448 （－1.33）	－0.0320	－0.0224 （－0.47）	－0.0071
X_6 （是否为合作社成员）	－0.3039* （－1.85）	－0.0397	－1.6487*** （－3.03）	－0.0527
X_7 （村离最近批发市场的距离）	－0.0053 （－0.01）	－0.0006	－0.1823*** （－2.64）	－0.0058
X_8 （是否了解蔬菜价格）	－0.3415** （－2.27）	－0.0446	－0.1679 （－0.35）	－0.0053
X_9 （不了解价格会给销售带来影响）	－0.1902 （－1.20）	－0.0249	0.2299 （0.48）	0.0073
X_{10} （通过中间商了解价格行情）	－0.1569 （－1.08）	－0.0205	0.0613 （0.13）	0.0019
X_{11} （同一等级蔬菜价格经常不同）	－0.0313 （1.34）	－0.0041	0.8609* （1.95）	0.0275

续表

变量	北京本地		外埠地区	
	回归系数	边际效应	回归系数	边际效应
对数似然比（Log Likelihood）	-190.8481		-60.9072	
伪判决系数（Pseudo-R^2）	0.1714		0.3234	

注：***、**和*分别表示在1%、5%、10%的显著水平下拒绝原假设。

对于农户特征，在北京本地，户主的年龄对提高蔬菜种植户卖给中间收购商的比重具有正向影响，随着户主年龄变大，其也越具有求稳心理，因而越依靠中间收购商进行销售；但是受教育程度对北京本地及外埠地区蔬菜种植户的销售行为并没有显著影响，教育红利在销售行为选择中并没有得到体现，这与多数蔬菜种植户重生产轻销售的传统理念相关，没有显示出教育对市场认知和分析的积极作用；种菜年限代表了蔬菜种植户的种植经验，其对供给模式不存在显著影响，对于种植经验丰富的农户，其年龄可能也比较大，年龄变量对选择的显著影响可能抵消了经验变量的作用。

对于经营特征，蔬菜种植户拥有的不同生产规模并没有影响中间收购商介入的程度，对于北京本地、外埠地区来说，生产规模并不是影响供给模式选择意愿的因素；蔬菜收入占总收入的比重代表了蔬菜生产在家庭生产中的重要地位，比重变化并没有对蔬菜种植户销售给中间收购商的比重带来显著影响，体现了不同供给模式的出现并没有影响到农户发展的公平性；是否为合作社成员在北京本地和外埠地区两个方程中的回归系数均显著为负，说明参加合作社组织对种植户依靠中间商有较强的负面影响，合作社可以有效地组织分散的、弱势的蔬菜种植户进入千变万化的大市场，提高生产端的谈判对等地位和话语权，蔬菜种植户可能获得更多的信息来源和资源支持，从而选择渠道也就越广泛，相应地，选择销售给中间收购商的比例就越低。

对于交通条件，在外埠地区，离最近批发市场距离对蔬菜种植户卖给中间收购商的比重有负向作用，随着种植户距离市场变近，蔬菜运输相对容易，方便了中间收购商进村收购，从而在一定程度上替代了市场上其他流通主体，因此种植户销售给中间收购商的比例越高。现代供给渠道主要通过企业或合作组织进行收购，这种模式在克服交通困难、组织产品远距离销售等方面的能力远强于中间收购商介入的供给模式，距离市场较远的蔬菜种植户更倾向采用现代渠道，因此，这些距离市场较远的农户销售给中间收购商的比例较低。但这一变量在北京本地的影响并不显著。

对于市场信息（李晓明，2013），在北京本地，蔬菜种植户了解信息越少，越依赖于中间收购商，可能是因为蔬菜种植户本身选择销售途径有限以及蔬菜鲜活特性使得种植户急于出售，即使价格不合理，但若在可接受范围内，种植户也会尽量选择中间收购商进行销售。现阶段蔬菜种植户获得市场信息的诉求和能力普遍偏低，绝大部分蔬菜种植户通过中间收购商了解市场行情，当蔬菜种植户所获取的市场信息比较充分时，其可能更加合理地规划自己的销售行为，选择更多的供给模式。谈判成本是比较同一等级的蔬菜销售价格差异，反映了市场交易达成的难易程度。市场上出售蔬菜的蔬菜种植户数量绝对地大于收购蔬菜的群体数量，收购群体可选择的交易对象远多于蔬菜种植户，从而给种植户带来较大的交易成本，随着蔬菜种植户所面临的交易成本增加，他们更倾向选择中间收购商作为交易对象。

从各类因素对供给模式选择的影响贡献率来看，对于北京地区，市场信息的作用最大，随着种植户开始了解市场信息，其销售给中间收购商的比重会下降4.46%；其次为种植户是否属于合作社成员，当种植户参加合作社组织时，其销售给中间收购商的比重会下降3.97%；农户年龄的作用最小，种植户年龄每增加1%，其销售给中间收购商的比重会提高0.35%。对于外埠地区，种植户参加合作社组织的作用最大，当种植户加入合作社组织时，其销售给中间收购商比重下降5.27%；其次为市场谈判成本，随着市场谈判成本的增加，其销售给中间收购商的比重会提高2.75%；与批发市场的距离的作用影响最小，离批发市场的距离每增加1%，其销售给中间收购商的比重会下降0.58%。由此可见，市场以及合作社的发展情况是影响蔬菜种植户选择供给模式的主要因素，但也正是新供给模式培育与发展的突破点。

7.6　本章小结

本章构建了农户蔬菜供给模式选择的分析模型，探讨了北京本地及外埠地区农户选择供给模式的影响机制。主要研究结论概括如下：

第一，基于调研数据，采用蔬菜种植户销售给中间收购商的蔬菜数量占蔬菜总销售数量的比例作为分析农户供给模式选择的依据，随着比例的提高，农户供给模式的选择越接近中间收购商介入的传统供给模式，反之，越接近不经过中间收购商的现代供给模式。对于北京本地和外埠地区蔬菜种植户而言，80%以上的产品销售对象是中间收购商，两个地区选择中间收购商作为交易对象的种植户分别占到调查总体的85%和93%。无论是主销地北京本地还是主产地外埠地区，在农户供给模式的选择中，中间收购商仍然是现阶段衔接小农户与大市场的重要桥梁。北京本地蔬菜种植户选择的供给模式可能更多样，选择农超对接、企业直送等新型供给模式的蔬菜种植户要多于外埠地区。

第二，基于农户视角，研究采用 Tobit 模型分析农户选择不同供给模式的影响机制。在户主年龄老龄化、社会关系网络松散化以及市场信息获取不充分的发展背景下，北京本地蔬菜种植户越倾向选择中间收购商介入的传统供给模式；在社会关系网络松散化、交通比较便利、市场谈判成本较高的发展背景下，外埠地区蔬菜种植户越倾向选择中间收购商介入的传统供给模式；影响北京本地和外埠地区蔬菜种植户选择的最主要因素分别为是否了解市场信息和是否为合作社成员。

第 8 章　蔬菜供给的空间均衡及地区结构模拟

第 3 章、第 4 章基于横向维度，分析了北京市蔬菜产业与其他地区的比较优势，第 5 章、第 6 章、第 7 章基于纵向维度，对蔬菜供给产业链进行分解分析。在本章中，将横向和纵向两个维度加以综合，将蔬菜供给的生产环节、流通环节以及地区联系纳入一个分析框架，在空间均衡的条件下，探讨蔬菜市场供需的基本格局以及地区间的供给来源结构，综合分析供给的影响因素。

北京市作为我国的首都，人口众多，蔬菜需求数量大，但其自身生产蔬菜数量有限，随着蔬菜播种面积的缩小和产量的下降，大部分蔬菜需要从外省调入，研究地区间联系对北京市蔬菜供给格局的影响具有重要的意义。考虑到北京市与国内其他市场所表现的价格和流通之间的互动关系，本章将北京市蔬菜供给问题研究纳入全国蔬菜市场体系下，分析北京市与其他地区间蔬菜流通的基本格局及变化趋势。

本章基于空间均衡模型，模拟北京市及全国其他地区蔬菜生产和消费的基本格局以及区域间的流通量，并根据七种不同情境下的方案进行模拟，通过各情景方案模拟结果与基准方案模拟的比较，分析北京市及其他地区蔬菜市场空间均衡格局的各种潜在演变趋势。全章共分为六部分：第一部分是农产品供给的跨区域联系的理论分析；第二部分是蔬菜供给的空间均衡模型构建；第三部分是北京市蔬菜供给的地区结构分析；第四部分是蔬菜供求区域均衡变化趋势模拟分析；第五部分是空间均衡视角下北京蔬菜供需的综合分析；最后是本章小结。

8.1 农产品供给的跨区域联系的理论分析

空间均衡理论是局部均衡理论与商品运输模型的有机结合，主要研究某种商品在不同地区之间的需求、供给、流通等均衡问题。通过各地区需求函数、供给函数以及运输费用，求解得到帕累托条件下各地区商品的需求量、供给量、流通量和均衡价格。

8.1.1 空间均衡模型的理论框架

地区间的经济活动不是孤立存在的，会受到其他地区的影响（Krugman，1991），因此，经济学家考虑将空间因素引入经济活动的分析中，他们认为经济活动的地点可以看作一个二维坐标点，通过运输成本的概念将这些点有机地组合起来。Pllander 是较早研究空间与经济活动的经济学家，他提出的布兰德图分析法主要用来分析运输成本对各地区经济行为的影响（Anselin，1988）。

在空间概念引入经济活动分析之初，经济学家分析地区间商品流通问题时，引入了线性规划模型，从而形成了一般意义上的运输模型，它解决了在已知商品生产地的供给量和消费地的需求量以及地区间单位运输成本的前提下，如何将商品在各地区间分配而使所花费总运费最低的问题，也就是说，达到均衡时各地区总供给量将等于各地区总需求量，求解的目的在于寻求最优路径将商品从富余供给量的地区运到富余需求量的地区。

运输模型中的供给量和需求量是既定的，但根据新古典经济学中关于需求和供给理论以及现实生活中的实际变化，可以发现，各地区的供给和需求受市场中各种因素的影响而不断发生变化，价格作为影响供需变化的重要因素，会促使消费者和生产者调整各自的行为，从而使各地区供给量和需求量通过价格发生变化。为了更真实地描述地区间的空间联动性，经济学家将价格作为变量引入运输模型中，从而形成了研究地区间商品流通空间均衡问题的一般工具——SEM。下面以单商品两市场为例来说明空间均衡模型的理论基础（见图 8－1、图 8－2）。

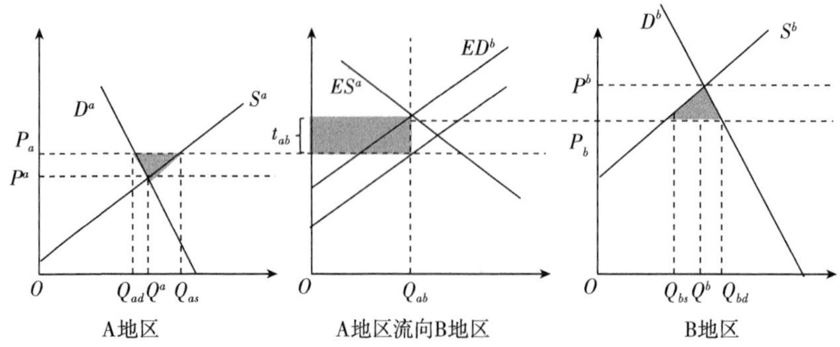

图 8－1 空间均衡模型的理论基础

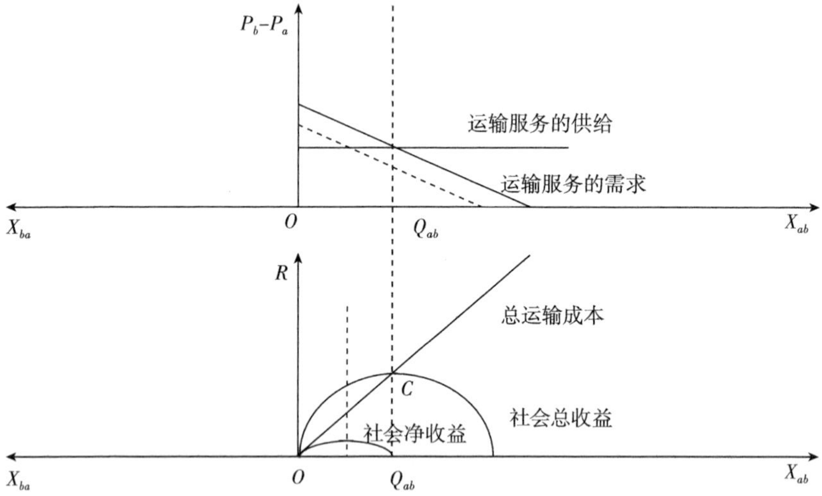

图 8－2 空间均衡模型的运输情况与目标函数之间的关系图

在图 8－1 中，在发生流通之前，A 地区和 B 地区均为封闭的市场，在各自供求关系的影响下，分别形成均衡价格 P^a，P^b，均衡数量 Q^a，Q^b。在现实经济中，各地区的市场并不是孤立的，当发生地区间商品流通后，由于 A 地区的均衡价格低于 B 地区的均衡价格，那么在市场机制的作用下，A 地区一些商品势必会运送到 B 地区，直至新的均衡出现，新均衡下两地的均衡价格分别为 P_a，P_b。若 A 与 B 两地区间的单位运输成本为常数，当运输成本为零时，有 $P_a = P_b$；若两地运输成本不为零时，有 $P_a + t_{ab} = P_b$。新均衡下两地的供给量和需求量分别为 Q_{as}，Q_{ad}，Q_{bs}，Q_{bd}。A 地区由于价格上涨，使得供给增加，需求减少，从而产生超额供给量（$Q_{as}-Q_{ad}$）；B 地区由于价格下降，使得供给减少，需求增加，从而产生超额需求量（$Q_{bd}-Q_{bs}$）；在空间均衡的前提下，$Q_{as}-Q_{ad}=Q_{bd}-Q_{bs}$，图 8－1 中阴影部分代表了流通发生后各地区福利增加的情况。

图 8－1 中间部分为 A 地区的超额供给量和 B 地区的超额需求量，图 8－2 反映了运输量、均衡价格以及空间模型目标函数之间的相互关系。其中图 8－2 上半部分反映了两地区间运输的供给和需求情况，假定地区间运输成本为常数的前提下，运输服务的供给是完全弹性的；下半部分反映了社会总收益、总运输成本、社会净收益三者之间的关系，社会净收益是前两者之差，为一个二次型的凸函数，空间均衡模型的目标函数就是求解最大化的社会净收益。

8.1.2　空间均衡模型的基本结构

空间均衡模型的基本结构包括两大部分：最优化目标函数和约束条件。其中，最优目标函数是使生产者剩余与消费者剩余总和减去运输成本的差额最大化；约束条件包括供需方程、流通限制方程（反映流出量小于供给量，流入量大于需求量）（Olper，2008）和价格联系方程（当两个地区的价格差异小于等于单位流通成本时，流通将停止）。

为了进一步说明，假定需求和供给方程都是线性的，那么需求和供给的一般表达式为：

$$d_j = \alpha_j + \beta_j p_j \tag{8-1}$$

$$s_i = \gamma_i + \delta_i \pi_i \tag{8-2}$$

p，π 分别是商品需求和供给价格，那么需求和供给的反函数形式为：

$$p_j = \zeta_j + \eta_j d_j \tag{8-3}$$

$$\pi_i = \theta_i + \lambda_i s_i \tag{8-4}$$

假设单位运输成本为 c，如果两地间价格之差小于单位运输成本，即两地之间发生流通的条件为：

$$\pi_i + c_{ij} \leqslant p_j \tag{8-5}$$

此外，地区间流通量 x 满足流入量大于需求量，流出量小于供给量：

$$\sum_{i=1}^{n} x_{ij} \geq d_j \tag{8-6}$$

$$\sum_{j=1}^{n} x_{ij} \leq s_j \tag{8-7}$$

社会净收益即所有生产者和消费者剩余减去单位运输费用，目标函数为使社会净收益最大化，其函数形式为：

$$\max NSR = \sum_{j=1}^{n} \int_{0}^{d_j} p_j(\phi_j)\mathrm{d}\phi_j - \sum_{i=1}^{n} \int_{0}^{s_i} \pi_i(\varphi_i)\mathrm{d}\varphi_i - \sum_{i=1}^{n}\sum_{j=1}^{n} utc_{ij} \cdot x_{ij} \tag{8-8}$$

将需求和供给反函数代入目标函数可以得到：

$$\max NSR = \sum_{j=1}^{n}\left(\zeta_j d_j + \frac{1}{2}\eta_j d_j^2\right) - \sum_{i=1}^{n}\left(\theta_i s_i + \frac{1}{2}\lambda_i s_i^2\right) - \sum_{i=1}^{n}\sum_{j=1}^{n} utc_{ij} \cdot x_{ij} \tag{8-9}$$

通过函数形式，可以将空间均衡模型归类为非线性规划问题。

综上所述，空间均衡模型的数学表达式可以表达为：

目标函数：$\max NSR = \sum_{j=1}^{n}\left(\zeta_j d_j + \frac{1}{2}\eta_j d_j^2\right) - \sum_{i=1}^{n}\left(\theta_i s_i + \frac{1}{2}\lambda_i s_i^2\right)$

$- \sum_{i=1}^{n}\sum_{j=1}^{n} utc_{ij} \cdot x_{ij}$

约束条件：$\sum_{i=1}^{n} x_{ij} \geq d_j$

$\sum_{j=1}^{n} x_{ij} \leq s_j$

$\pi_i + c_{ij} \leq p_j$

$(d_j, s_i, p_j, \pi_i, c_{ij}, x_{ij}) \geq 0$

求解：$(d_j, s_i, p_j, \pi_i, x_{ij})$

需要区分模型的内生变量和外生变量。模型所包含的内生变量有：各地区的供给量、需求量、供需价格和地区之间的流通量。在均衡条件下，每个地区商品均衡的需求价格和供给价格将趋于一致，均衡流通量表示地区间商品流入或流出的情况。外生变量包括各地区城乡人口结构、各地区人均收入水平以及各地区间的单位运输费用等。第一个外生因素同时作用于需求和供给两个方面，第二个外生因素主要作用于需求方面，第三个外生因素主要作用于流通方面。研究基于外生因素的变化来设计情景方案，将模拟结果与基准方案进行对比，分析潜在的变动趋势。

8.1.3　模型求解

SEM 由线性方程、非线性方程或不等式构成，是包含市场均衡的优化求解模型。求解算法包括线性规划、非线性规划以及混合互补问题（mixed complementary problem，MCP）。当模型系统中所有方程或不等式都是线性的时候，使用线性规划模块；当系统中至少有一个方程不是线性的时候，使用非线性或 MCP 模块。经国内外学者计算证明，求解空间均衡这类模型，采用 MCP 算法更加可靠而且效率更高。本书建立的模型采用 MCP 形式，运用 GAMS 软件中 PATH 工具包对其进行求解。

通过 GAMS 软件对空间均衡模型进行模拟后，首先，设定一个基期作为基准方案，将模拟数据与实际数据进行比较，如果差异在允许的范围内并通过检验，则说明模型是有效的；其次，根据模拟出的供给、需求、价格等数据，估计当前的流通格局；最后，可以进行政策方案模拟，将模拟结果与基准方案进行对比，分析在不同因素发生变化时对该商品地区布局的影响。空间均衡模型的求解共需要以下 7 个步骤：

（1）计算各地区蔬菜供给和需求相关弹性，包括供给价格弹性、需求价格弹性、需求收入弹性等。

（2）收集各地区基期的蔬菜供给量、需求量、供需价格以及地区间流通的单位成本。

（3）根据第一步中的相关弹性和第二步中的基期数据计算供给和需求方程中的截距项。

（4）求解得到基期空间均衡方程的最优解。

（5）将模型得到的最优解与第二步中的基期数据进行比较分析，如果差异在允许的范围内，并通过相应检验，说明空间均衡模型是有效的。

（6）根据影响供给、需求和流通等方面的因素，设立不同的情景方案，求解得到不同情景下模型的供给量、需求量、均衡价格。

（7）比较不同情景下模拟结果与基期方案之间的差异，说明相关因素的影响下空间均衡的变化趋势。

8.2 蔬菜供给的空间均衡模型构建

本章所建立的蔬菜 SEM 共涉及 13 个区域。参照国家发展改革委和农业农村部制定的《全国蔬菜产业发展规划（2011—2020 年）》中综合考虑地理气候、区位优势等因素所划分的六个优势区域，包括华南区、长江区、西南区、西北区、东北区及黄淮海与环渤海地区。在黄淮海与环渤海地区，山东、河北作为蔬菜优势产区，对外销量较大；北京、天津作为人口聚集的城市，自产蔬菜数量有限，这决定了外埠蔬菜供给的必要性，因此有必要将黄淮海与环渤海地区进一步细分为北京、天津、河北、山西、辽宁、山东和中南地区。空间均衡模型将全国整合为 13 个区域：北京、天津、河北、山西、辽宁、山东、海南、东北（内蒙古、吉林、黑龙江）、西北（陕西、甘肃、青海、宁夏、新疆）、华东（江西、浙江、上海、江苏、安徽）、西南（重庆、四川、贵州、云南、西藏）、华南（广东、广西、福建）和中南（河南、湖北、湖南）。

8.2.1 数学表达式

本章根据空间均衡模型的基本表达式［表达式（8－1）至（8－9）］，结合我国蔬菜流通的实际情况，构建蔬菜空间均衡模型的结构形式（见表 8－1）。

表 8－1　蔬菜空间均衡模型的主要数学表达式及变量说明

目标函数	$\max NSR = \sum_{i=1}^{13}\left(\int_0^{D_i^*} p_i \mathrm{d}D_i - \int_0^{S_i^*} p^i \mathrm{d}S_i\right) - \sum_{i=1}^{13}\sum_{j=1}^{13} utc_{ij} \cdot x_{ij}$	(8－10)
需求方程	$\ln D_i = \alpha_i + \beta_i \ln p_i + \omega_i \ln I_i$	(8－11)
供给方程	$\ln S_i = \tau_i + \mu_i \ln p^i$	(8－12)
流通限制方程	$-\sum_{j=1}^{14} x_{ij} + S_i \geqslant 0$	(8－13)
	$-\sum_{i=1}^{14} x_{ij} + D_i \leqslant 0$	(8－14)

续表

价格联系方程	$p_j - p^i \leqslant utc_{ij}$　(8－15)
D_i	表示第 i 个地区蔬菜的需求量
S_i	表示第 i 个地区蔬菜的供给量
p_i	表示第 i 个地区蔬菜的需求价格
I_i	表示第 i 个地区人均收入水平
p^i	表示第 i 个地区蔬菜的供给价格
utc_{ij}	表示蔬菜从第 i 个地区到第 j 个地区的单位流通成本

式（8－10）为最优目标函数，表达了空间均衡模型的实质，即使社会总收益减去总流通成本的差额最大化（净社会收益，net social revenue，NSR），就是剔除地区间运输成本后，使生产者剩余与消费者剩余之和达到最大化。式（8－11）、式（8－12）分别描述了一个地区蔬菜的需求和供给情况（Sawyer，1971），为了模型求解方便，在表达式中，影响需求的因素主要包括蔬菜需求价格以及人均收入水平，影响供给的因素主要是蔬菜供给价格（Baldwin，1971）。式（8－13）、式（8－14）反映了蔬菜流通的限制条件：一个地区的蔬菜流出量不超过其供给量，流入量大于等于其需求量。式（8－15）反映了地区流通应遵循的价格联系原则，当两个地区的价格差异小于等于单位流通成本时，流通将停止。

模型包括的参数主要有蔬菜供需方程中相关系数以及单位运输成本（Holz－Eakin，1988）。在实际求解中，相关参数即为各种弹性，包括各地区供给价格弹性、需求价格弹性和需求收入弹性。根据弹性和基期数据进一步计算供给和需求方程中的截距项，可以得到供给和需求方程，将方程代入最终的最优目标函数中，求解模型相关的内生变量。

8.2.2　数据来源及参数设定

SEM 需要数据包括基期年份各地区蔬菜供给量、需求量、供需价格、地区间流通的单位成本以及相关参数。本章采用 2011—2013 年的平均值作为基期，以平抑特定外生因素带来的影响，在此基础上构建各地区供需平衡表。相应的数据描述见表 8－2。

表 8－2　基期数据

变量名		变量值测算	数据来源
需求	D_i	城镇居民家庭人均蔬菜购买量 × 各地区城镇人口数 + 农村家庭人均蔬菜购买量 × 各地区农村人口数	《中国统计年鉴》
	p_i	番茄、黄瓜、白菜、土豆和豆角城市消费价格平均值	《中国城市（镇）生活与价格年鉴》
	I_i	（城镇人均可支配收入 × 各地区城镇人口数 + 农村人均纯收入 × 各地区农村人口数）/各地区人口总数	《中国统计年鉴》
供给	S_i	农村居民家庭人均蔬菜出售量 × 各地区农村人口数	《中国统计年鉴》
	p^i	番茄、黄瓜、白菜、土豆和豆角生产者出售价格平均值	《全国农产品成本收益资料汇编》
流通	utc_{ij}	运输成本/0.5	

国内蔬菜以鲜食为主，产地加工比例低，同时考虑到食物的可获性，因此，蔬菜需求量用食物需求替代。根据我国食物消费需求二元结构的特点，食物需求可以进一步分为城镇需求和农村需求。在情景模拟分析中，考察收入和人口流动对需求总量的影响。

为了更准确地衡量进入流通体系的蔬菜供给量，本章采用农户出售蔬菜量来替代蔬菜供给量。在情景模拟分析中，考察人口流动对供给总量的影响。

公路运输是国内农产品运输的主渠道，本章以公路运输为主模式来计算流通成本。已有文献中公路运输成本一般占到蔬菜总流通成本的一半，以 15 吨装载蔬菜的汽车为例，其行驶百千米消耗汽油 27 升。本章计算每千米所消耗的运输成本，推算出单位流通成本。在进行模型求解时，假定单位流通成本是常数，区域间流通成本等于区域间公路距离与单位流通成本之积。在情景模拟分析中，考察流通成本对流通的影响。

查阅已有文献和参照实际情况，确定了北京市及其他区域的供给和需求价格弹性。

8.3　北京市蔬菜供给的地区结构分析

对蔬菜 SEM 的基准方案进行模拟，可以得到各区域蔬菜供给量、需求量、价格以及区域间流通量的模拟值。一方面，将模拟数据与实际数据相比较，如果差异在合理范围之内，说明模型是有效的；另一方面，可以模拟市场均衡条件下地区的来源结构，将蔬菜市场潜力量化。

8.3.1　SEM 基准方案

从供给看，我国蔬菜主产地集中在河北、辽宁、山东、西北、华东、西南、华南、中南地区。从单一省份来看，山东供给最高，可以达到18%；河北、辽宁、山东、广东、广西、四川、云南等省份蔬菜供给集中度均高于5%。蔬菜供给由人均蔬菜出售量和农村人口数共同决定，在上述8个地区中，山东、辽宁、广西、云南、河北5个省份人均蔬菜出售量均大于250公斤，属于人均出售量较高的省份；山东、河北和四川三省属于农村人口基数较大的省份。一些省份如天津、海南、宁夏，人均蔬菜出售量较高，但是农村人口数量相对较少，综合起来这些地区的蔬菜供给量相对不高。

从需求看，我国蔬菜主销地集中在河北、江苏、安徽、山东、河南、湖北、湖南、广东、四川地区。从单一省份来看，广东需求最高，可以达到7.4%；河北、江苏、安徽、山东、河南、湖北、湖南、广东、四川等省份集中度均高于4%。一个地区的人口基数、城乡人口比例、人均购买量都会影响该地区的蔬菜需求量，人口基数是影响地区需求最重要的因素，上述9个省份人口数占全国总人口数比重均高于5%。食物需求进一步分为城镇需求和农村需求，受收入水平、价格等因素的影响，城乡间人均消费水平存在一定差异，城镇人均蔬菜购买量均高于农村居民，东北地区城镇人均蔬菜购买量最高，而东部地区城镇人均蔬菜购买量最低。

从各区域供需均衡表来看（见表8-3），13个区域中有7个区域需要调入，有5个区域存在蔬菜调出，山西基本能达到供需均衡。其中，华东、中南地区调入量最大，分别包括5个和3个省份，调入量分别占全国总调入量的48.40%、29.02%；而山东、河北、辽宁等地调出量最大，分别占全国总调出量的62.62%、16.87%和7.88%。

蔬菜实际产量不等同于蔬菜供给量，蔬菜供给量是农户根据市场行情出售的蔬菜量，两者存在一定的差距，为了更好地反映供给具有与市场交易、流通关联的特点，用农户平均出售蔬菜量与农户数乘积来代替蔬菜供给量。以北京市为例，农户中有一部分来自外地，如河北、山东地区，但是外来农户并不登记在本地区农户数中，使估算供给量要小于实际供给量。北京市大部分蔬菜需要外埠供应，对比其他省份，北京市调入量占全国总调入量的比重相对较大，约为5.55%。进一步，将北京市供需状况与其周边地区（天津、河北、山西、辽宁、山东）进行比较，除北京与天津需要调入外，其他地区均为调出区。综合来看，六省份中北京调入量最大，山东调出量最大。

表8-3 2011—2013年各区域蔬菜供需状况

区域	供给/万吨	调入/万吨	调出/万吨	需求/万吨	比重/%	自给率/%
北京	30.15	186.58	0	216.73	5.55	13.91
天津	104.87	45.10	0	149.97	1.34	69.93
河北	1248.42	0	498.02	750.40	16.87	166.37
山西	407.09	0	0.55	406.54	0.02	100.14
辽宁	829.20	0	232.53	596.68	7.88	138.97
山东	2818.60	0	1848.43	970.17	62.62	290.53
海南	174.02	0	87.54	86.48	2.97	201.22
东北	918.28	144.45	0	1062.73	4.30	86.41
西北	1168.13	0	284.67	883.46	9.64	132.22
华东	1402.98	1627.65	0	3030.63	48.40	46.29
西南	2509.04	233.35	0	2742.39	6.94	91.49
华南	2085.76	149.83	0	2235.59	4.46	110.57
中南	1960.46	975.71	0	2936.17	29.02	66.77

注："比重"反映的是该区域流通量占全国相同方向流通量的比重；"自给率"指标指某区域生产量占其需求量的比重。

8.3.2 模型有效性检验

模型有效性检验是指将基期方案下模型的模拟结果与现实之间进行比较，如果差异小于25%，被认为在合理范围之内，并通过统计检验，即模型的模拟结果能够比较合理地反映实际情况，说明模型是有效的。将13个区域的蔬菜供给量、需求量和市场均衡价格代入蔬菜空间均衡模型，比较基期实际值和基期模拟值（见表8-4中变化率），两者的差异均在允许的范围之内。

表 8－4　基期模拟结果

区域	变化量/万吨				变化率/%		
	供给	调入	调出	需求	供给	需求	价格
北京	6.66	15.92		22.58	22.07	10.42	－19.07
天津	18.75	－13.64		5.11	17.88	3.41	－7.74
河北	211.46		244.15	－32.69	16.94	－4.36	6.32
山西	84.26		105.49	－21.23	20.70	－5.22	3.64
辽宁	77.88		84.46	－6.59	9.39	－1.10	－1.69
山东	93.19		19.10	74.08	3.31	7.64	－9.51
海南	25.13		14.08	11.05	14.44	12.77	－16.69
东北	107.73	83.67		191.41	11.73	18.01	－18.84
西北	178.12		45.28	132.84	15.25	15.04	－17.14
华东	56.20	237.45		293.65	4.01	9.69	－11.91
西南	472.71	－233.35	180.41	58.95	18.84	2.15	－5.13
华南	147.56	98.74		246.30	7.07	11.02	－15.84
中南	91.55	93.25		184.80	4.67	6.29	－9.05

注：①“变化量”“变化率”指基期模拟结果相对于基准方案变动量和变动百分比。

②表中空格表示没有调入调出。

基期的实际值与模拟值之间存在差异，但是差异若在空间上具有一致性，那么模型的模拟值可以用于分析蔬菜在区域间的流通情况。采用斯皮尔曼等级相关系数来检验数据的空间一致性，该系数衡量变量之间的变化趋势，如果趋势相同，说明变量差异在空间上存在一致性。运用斯皮尔曼等级相关系数对实际值和模拟值进行检验（见表 8－5），除价格指标系数通过 5% 显著性水平的双尾检验外，其余指标均可以通过 1% 显著性水平的双尾检验，相关系数最高可达 0.996。

表 8－5　斯皮尔曼等级相关系数

分析变量	斯皮尔曼等级相关系数
蔬菜供给量实际值/模拟值	0.996**
蔬菜需求量实际值/模拟值	0.996**
蔬菜价格实际值/模拟值	0.516*

注：**、*表示在双尾检验下显著性水平为 1%、5%。

综上所述，空间均衡模型的模拟值与基期实际值之间的差异不大，且均在合理范围之内；同时从斯皮尔曼等级相关系数的检验结果来看，SEM没有改变地区间所具有的相互关系，并能够较好地反映供给量、需求量以及价格在空间上的差异性，说明所建立的蔬菜空间均衡模型是有效的。

8.3.3 基准方案下的模拟结果及分析

8.3.3.1 地区供需分布状况分析

表8－4反映了基准方案下各地区蔬菜的供需分布状况。其中需求大于供给的区域有5个，分别为北京、东北、华东、中南、华南地区，属于蔬菜调入区。北京、华东地区的蔬菜产量不高，但是居民收入水平相对较高，导致蔬菜消费总量较大；东北地区受消费习惯的影响，人均蔬菜消费量较高，导致蔬菜消费总量较大；中南、华南地区是蔬菜生产大区，但同时也是人口高度密集的地区，总体消费量较大。

供给大于需求的区域有8个，分别为天津、河北、山西、辽宁、山东、海南、西北、西南地区，属于蔬菜调出区。河北、辽宁、山东、西南地区是我国蔬菜生产大区，多属收入中等偏下的地区，人均消费水平不高，即使人口较多，仍然是蔬菜调出地区；山西、海南、西北地区产量有限，受消费偏好以及人均收入相对较低的影响，消费水平也受到了限制。

8.3.3.2 区域间流通格局分析

本模型是针对蔬菜调入区和调出区间的流通优化。表8－6反映了基准方案下蔬菜区域流通的模拟结果。以河北、山西、辽宁、山东为代表的调出区主要位于环渤海设施蔬菜优势区域，是设施蔬菜的主产地区，地理位置距离主销地均较近，所生产的蔬菜主要销往长江流域和北部地区。具体来看：河北的蔬菜主要运往北京和中南地区，山西的蔬菜主要运往中南地区，辽宁的蔬菜主要运往北京、天津及东北地区，山东的蔬菜主要运往华东地区。以海南、西南为代表的调出区主要位于冬春蔬菜优势区域，冬春季节气候温暖，适宜发展喜温果菜的露天生产，所生产的蔬菜主要销往长江流域。具体来看：海南的蔬菜主要运往华南地区；西南的蔬菜主要运往华南、中南地区；西北地区为夏秋蔬菜优势区，其蔬菜主要运往中南地区。

表 8-6　蔬菜区域间流通情况模拟　　单位：万吨

调入区	调出区						
	河北	山西	辽宁	山东	海南	西北	西南
北京	145.10		57.41				
天津			31.46				
东北			228.122				
华东				1865.1			
华南					101.62		146.95
中南	597.07	106.04				329.95	33.47

注：表中空格表示没有调入调出。

本章探究空间均衡视角下北京市蔬菜的供给格局，即在综合考虑流通成本以及社会净效益最大化的条件下，得到北京市蔬菜供给来源的优化结果（见图 8-3）。北京市所需的大部分蔬菜由外埠地区供应，其中河北、辽宁为蔬菜主要来源地，对北京市场的供应比例分别为 60.63%、23.99%。可以看出，模拟结果显示北京市蔬菜的供应来源地更加集中，河北和辽宁本来就是北京市蔬菜供应的主力，在模拟结果中两者所占的比重均大幅度提高，但是北京市另一主要供应地——山东地区不在模拟结果中。

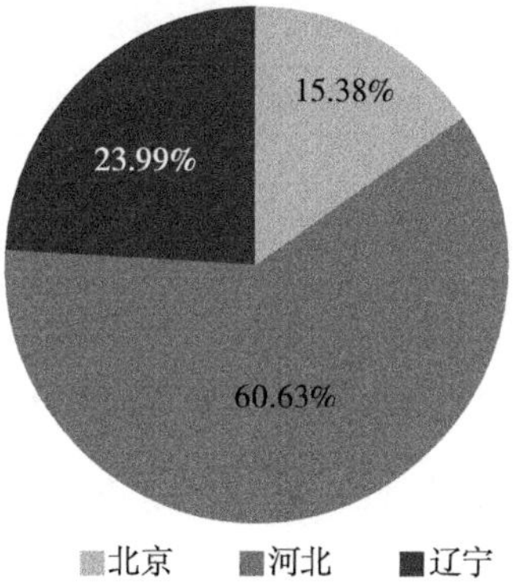

图 8-3　北京市蔬菜来源分布模拟结果

8.4　蔬菜供求区域均衡变化趋势模拟分析

上述空间均衡模型的主体框架中包含需求、供给以及流通三个方面，任意一方面发生改变，都有可能影响到空间均衡模型的布局。因此，分别从以下三个方面，设计七个情景方案（见表8-7），并将得到的模拟结果与基准方案进行比较，分析变化趋势。

表8-7 模拟的情景方案

项目	直接作用	情景方案
收入增长	需求	情景1：华东、华北、华南、华中、东北、西南、西北七个行政地区人均收入水平均同比增长10%。该情景反映人均收入增加不存在地区差异时，空间均衡的变化情况
		情景2：保持华东、华北、华南、华中、东北地区的人均收入水平不变，西北和西南地区的人均收入水平同比增长10%。该情景反映东西部经济发展差距缩小时，空间均衡的变化情况
		情景3：保持西北、西南、华中、东北、华北地区的人均收入水平不变，华东、华南以及北京、天津地区人均收入水平同比增长10%。该情景反映东西部经济发展差距扩大时，空间均衡的变化情况
人口增长与城镇化	供给、需求	情景4：各地区年均人口增长率和各地区年均城镇化率为0.98%。该情景为低城镇化率下，当人口增长时，空间均衡的变化情况
		情景5：各地区年均人口增长率和各地区年均城镇化率为1.18%。该情景为平均城镇化率下，当人口增长时，空间均衡的变化情况
		情景6：各地区年均人口增长率和各地区年均城镇化率为1.38%。该情景为高城镇化率下，当人口增长时，空间均衡的变化情况
流通成本	流通	情景7：地区间流通成本同时降低50%时，空间均衡变化情况

8.4.1 收入增长情景方案下的模拟

根据模型数学表达式构成，影响蔬菜需求的因素主要有蔬菜自身价格以及人均收入水平。在空间均衡模型中将蔬菜价格作为内生变量，人均收入水平作为一个外生变量。因此，设立情景方案——人均收入增加对蔬菜空间均衡的影响，以分析蔬菜供求均衡对人均收入变化的反应情况。这一情景的理论基础是当人均收入水平提高时，会促进蔬菜需求量的增加，但是供给不能及时地调整，势必导致价格的上升，又会促使蔬菜下一轮供给的增加，从而达到新的均衡。在空间均衡理论下，人均收入水平的提高，将引起我国蔬菜总需求和总供给的增加，价格上涨，但是各地区发展不平衡，存在调入与调出的行为，导致每个市场的变化存在差异，为反映这一情景对蔬菜空间均衡布局的影响，设立了以下三种情景方案：

情景 1：华东、华北、华南、华中、东北、西南、西北七个行政地区的人均收入水平均同比增长 10%。该情景反映人均收入增加不存在地区差异时，空间均衡的变化情况。

情景 2：保持华东、华北、华南、华中、东北地区的人均收入水平不变，西北和西南地区人均收入水平同比增长 10%。该情景反映东西部经济发展差距缩小时，空间均衡的变化情况。

情景 3：保持西北、西南、华中、东北、华北地区的人均收入水平不变，华东、华南以及北京、天津地区人均收入水平同比增长 10%。该情景反映东西部经济发展差距扩大时，空间均衡的变化情况。

8.4.1.1　对地区供需分布的影响

三个情景方案与基准方案比较的结果如表 8－8、表 8－9、表 8－10 所示。

表 8－8　情景 1　模拟结果相对于基准方案的变化　（%）

区域	供给	调入	调出	需求	价格	生产者收入
北京	1.28	4.29		3.83	9.07	10.47
天津	1.28	9.36		2.92	9.08	10.48
河北	1.30		－1.48	4.18	9.22	10.64
山西	1.31		1.18	1.34	9.25	10.67
辽宁	0.86		1.15	0.71	9.46	10.41
山东	0.35		0.86	－0.58	9.76	10.14
海南	0.68		1.73	－0.40	9.08	9.82
东北	0.84	－0.59		0.58	9.19	10.10
西北	1.01		3.24	0.29	9.76	10.87
华东	0.25	1.00		0.67	9.27	9.54
西南	1.25		20.43	0.01	9.60	10.96
华南	0.51	0.92		0.55	8.66	9.22
中南	0.31	2.64		1.11	8.74	9.08
总体	0.74	1.63	1.63	0.74	9.24	10.04

注：①“生产者收入”是根据供给数量和均衡价格估算出来的。
②表中空格表示没有调入调出。

表8-8反映了情景1下的模拟结果。蔬菜总供给和总需求增加0.74%，平均价格上涨9.24%。总体来看，人均收入的增加对蔬菜供给和需求均产生正向影响。从具体地区来看，除山东和海南两地需求下降外，其他地区蔬菜的需求、供给均增加，京津冀区域的供求增幅最大，其中北京的供给和需求分别增加1.28%和3.83%，河北的供给和需求分别增加1.30%和4.18%。各地区价格也有较大幅度的提高，其中山东、西北、西南地区价格增幅最大，分别为9.76%、9.76%、9.60%。在空间均衡条件下，各地区人均收入的增长会引起需求的增加，从而带动其对应调出区蔬菜调出量的增加，导致调入区与调出区价格的上升，最终促使蔬菜总供给增加。

表8-9　情景2　模拟结果相对于基准方案的变化　（%）

区域	供给	调入	调出	需求	价格	生产者收入
北京	0.16	-0.74		-0.60	1.13	1.29
天津	0.17	-4.18		-0.72	1.13	1.30
河北	0.17		0.87	-0.56	1.15	1.32
山西	0.17		4.21	-0.94	1.15	1.32
辽宁	0.11		2.22	-1.02	1.18	1.29
山东	0.04		0.68	-1.10	1.14	1.18
海南	0.29		4.15	-3.73	3.79	4.10
东北	0.11	-6.20		-1.04	1.14	1.25
西北	0.13		-23.47	7.79	1.21	1.35
华东	0.03	-1.72		-0.95	1.08	1.12
西南	0.53		-69.61	5.05	4.01	4.57
华南	0.22	-35.36		-3.34	3.62	3.85
中南	0.04	-2.91		-0.97	1.09	1.13
总体	0.18	-4.61	-4.61	0.18	1.76	1.94

注：表中空格表示没有调入调出。

表8-9反映了情景2下的模拟结果。蔬菜总供给和总需求增加0.18%，平均价格上涨1.76%。从具体地区来看，除西南、西北地区需求增加外，其他地区蔬菜需求均下降，如北京需求下降0.60%。各地区供给均增加，其中海南和西南地区增幅最大，分别为0.29%和0.53%。各地区价格均呈上涨趋势。在空间均衡条件下，西部地区由于人均收入的增长，

首先引起该地区需求的增加，导致该地区的价格出现上涨，与此同时，这些地区多为蔬菜调出区，在区域间流通的影响下，其他地区的调入供给也会减少，从而引发了其他调入区和调出区的价格上涨，导致除西部地区以外地区的需求下降、供给增加。

表 8－10　情景 3　模拟结果相对于基准方案的变化　　（%）

区域	供给	调入	调出	需求	价格	生产者收入
北京	0.40	8.45		7.21	2.80	3.21
天津	0.41	32.48		6.91	2.80	3.22
河北	0.41		2.14	－1.38	2.84	3.27
山西	0.41		10.30	－2.31	2.85	3.28
辽宁	0.27		5.43	－2.50	2.92	3.20
山东	0.15		2.44	－3.94	4.23	4.39
海南	0.25		3.57	－3.21	3.25	3.50
东北	0.27	－15.14		－2.54	2.83	3.11
西北	0.32		9.33	－2.60	3.01	3.34
华东	0.11	9.13		5.17	4.02	4.13
西南	0.46		56.04	－3.12	3.43	3.90
华南	0.19	55.59		5.74	3.10	3.29
中南	0.10	－7.12		－2.37	2.69	2.80
总体	0.26	6.18	6.18	0.26	3.14	3.40

注：表中空格表示没有调入调出。

表 8－10 反映了情景 3 下的模拟结果。蔬菜总供给和总需求增加 0.26%，平均价格上涨 3.14%。从具体地区来看，北京、天津、华东、华南地区蔬菜需求增加，而其他地区蔬菜需求均下降，如北京需求上涨 7.21%。各地区供给均增加，其中京津冀和西南地区增幅最大。各地区价格均上涨。在空间均衡条件下，东部地区由于人均收入增长，首先引起该地区需求的增加，导致该地区价格出现上涨，同时这些地区多为蔬菜调入区，在区域间流通的影响下，其他地区的调出需求也会增加，从而引发了其他调入区和调出区的价格上涨，导致除东部地区以外地区的需求下降、供给增加。综上所述，人均收入水平的增加，会带来地区供给增加、价格上涨，同时比较情景 2 与 3 可以发现，东部地区的人均收入增长 10% 对总供求带来的影响要大于西部地区的同比增加。对比不同情景方案下北京市

蔬菜的供求情况，在情景1与情景3下，北京的人均收入均上涨10%，引发需求增加，但是情景3的需求增加幅度要大于情景1，价格、供给、生产者收入也随之出现增加的情况，情景1的增加幅度要大于情景3；情景2反映了当地区间收入差异缩小时，北京的需求出现下降的情况，但是供给、价格、生产者收入较基准方案均有提高。

8.4.1.2 对区域间流通格局的影响

从表8－8、表8－9、表8－10还可以看出，随着人均收入的提高，各地区调入（调出）出现增减变化不一的现象，情景1和情景3的总流通量分别增加了1.63%和6.18%，但是情景2的总流通量下降了4.61%。在情景2中，随着人均收入水平增加，西南和西北自身需求增加，相应地，本地区的调出量减少，导致其他地区的调入量减少，其他调出地的调出量增加；在情景3中，随着人均收入水平增加，北京、天津、华东、华南需求增加，这四个地区对应的调出区调出量增加，其他调入区调入量减少。表8－11、表8－12、表8－13分别反映了三种情景方案下蔬菜区域流通具体模拟结果。

表8－11 情景1 区域间流通模拟结果相对于基准方案的变化 （%）

调入区	调出区						
	河北	山西	辽宁	山东	海南	西北	西南
北京	4.58		3.55				
天津			9.38				
东北			2.92				
华东				1.00			
华南					0.09		0.35
中南	－2.95	1.18				3.24	108.57

注：表中空格表示没有调入调出。

表8－12 情景2 区域间流通模拟结果相对于基准方案的变化 （%）

调入区	调出区						
	河北	山西	辽宁	山东	海南	西北	西南
北京	－16.55		39.19				

续表

调入区	调出区						
	河北	山西	辽宁	山东	海南	西北	西南
天津			-4.16				
东北			2.92				
华东				-1.72			
华南					0.09		-62.69
中南	5.11	4.21		47.25		-23.47	-100.00

注：表中空格表示没有调入调出。

表 8-13　情景 3　区域间流通模拟结果相对于基准方案的变化　(%)

调入区	调出区						
	河北	山西	辽宁	山东	海南	西北	西南
北京	-16.85		72.37				
天津			32.49				
东北			2.92				
华东	122.27			2.58			
华南					0.09		91.57
中南	-13.72	10.30				9.33	-100.00

注：表中空格表示没有调入调出。

与基准方案相比较，北京、天津、东北、华南供给来源地没有发生变动。对于华东地区，除原有供给地以外，在情景 3 下还增加了河北地区；对于中南地区，除原有供给地以外，在情景 2 中增加了山东地区。

图 8-4、图 8-5、图 8-6 分别为情景 1、情景 2、情景 3 下北京市蔬菜供给来源的优化结果。当人均收入增加时，与基准方案相比较，北京自身供给量基本稳定，约为 15%，来源地没有发生变化，不过供应比例发生了一些变化。在情景 1 下，北京市蔬菜的来源结构比较稳定，几乎没有变动，情景 2 和情景 3 增加了地区间发展不平衡的设定，河北由于增加了对华东地区的供应，其供给北京地区的比重有所下降，与此同时，辽宁供给的比重有所提高。此外，随着经济发展水平差距的减小，对应情景 3、情景 1、情景 2 的模拟结果，北京市自身的供给比例逐渐增加。

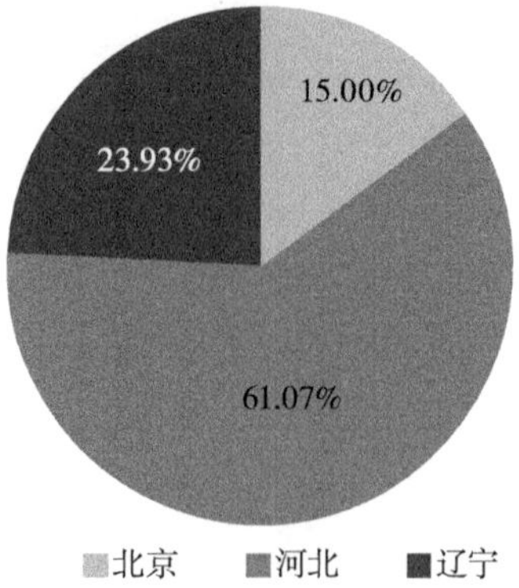

图 8-4　情景 1　北京市蔬菜来源分布模拟结果

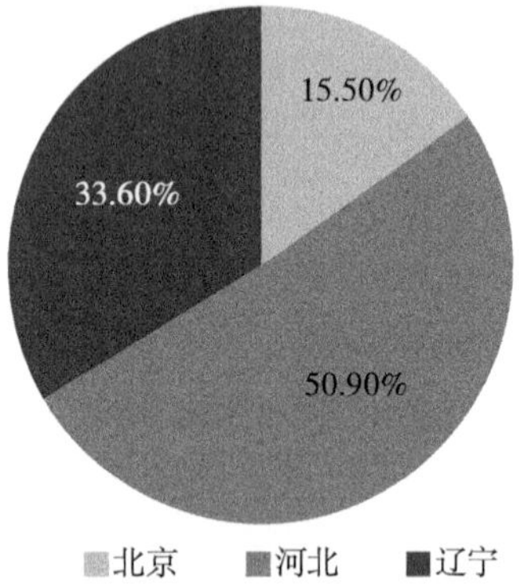

图 8-5　情景 2　北京市蔬菜来源分布模拟结果

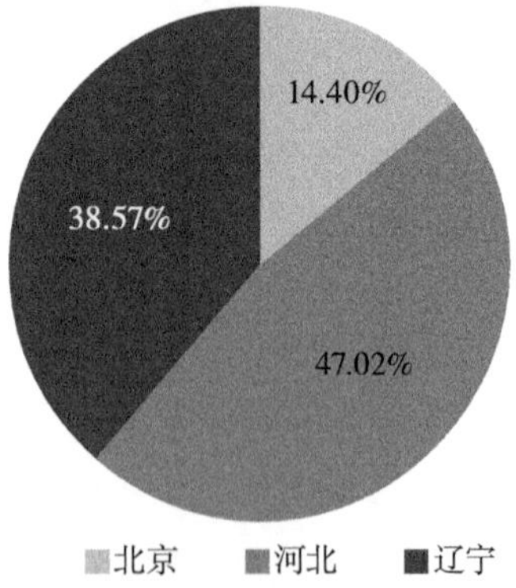

图 8-6　情景 3　北京市蔬菜来源分布模拟结果

8.4.2　人口增长与城镇化情景方案下的模拟

模型中需求总量和供给总量分别由人口总数和农村人口数决定，人口数是模型的外生变量，因此，设立情景方案——人口增加对蔬菜空间均衡的影响。这一情景的理论基础是当人口增加时，会增加蔬菜的总需求、总供给，但是在人口增长过程中又有一个重要的特征——城镇化，伴随农村劳动力城镇化的发展，一方面会更大幅度地增加蔬菜的需求总量；另一方面会减少农村剩余劳动力，蔬菜生产投入下降，导致了供给减少。为反映这一情景对蔬菜空间均衡布局的影响，考虑到各地区城镇化水平发展不平衡的因素，配合人口增长率组合成低、中、高三种情景方案，其中各地区人口增长率采用 1990—2013 年各地区年均人口增长率数据。

情景 4：各地区年均人口增长率和各地区年均城镇化率为 0.98%。该情景为低城镇化率下，当人口增长时，空间均衡的变化情况。

情景 5：各地区年均人口增长率和各地区年均城镇化率为 1.18%。该情景为平均城镇化率下，当人口增长时，空间均衡的变化情况。

情景 6：各地区年均人口增长率和各地区年均城镇化率为 1.38%。该情景为高城镇化率下，当人口增长时，空间均衡的变化情况。

8.4.2.1　对地区供需分布的影响

三个情景方案与基准方案比较的结果如表 8－14、表 8－15、表 8－16 所示。结果显示，人口增加以及城镇化水平的提高都会对蔬菜供给和需求产生负向影响。在供给方面，北京供给的变动幅度最大，随着城镇化率的提高，北京供给下降幅度依次增大，分别为 13.46%、17.88% 和 22.08%；在需求方面，北京需求的增加幅度呈逐渐减少的趋势，分别为 8.20%、6.33% 和 4.48%。在价格方面，各地区价格也有较大幅度的提高，其中西北、西南地区价格增幅最大。在空间均衡条件下，一方面，随着城镇化水平的提高，农村劳动力流向城市，导致蔬菜生产劳动投入下降，造成供给下降；另一方面，在人口增加和劳动力城镇化双重作用下各地区需求量增加，此时出现供小于求的局面，带动各地区价格上涨，最终导致蔬菜总需求、总供给下降。

表 8-14　情景 4　模拟结果相对于基准方案的变化　（%）

区域	供给	调入	调出	需求	价格	生产者收入
北京	-13.46	12.14		8.20	16.92	1.18
天津	-4.56	33.13		3.08	16.97	11.63
河北	-3.45		-6.06	-0.74	18.02	13.96
山西	-1.92		12.27	-5.83	18.23	15.96
辽宁	-6.83		-4.32	-8.19	19.83	11.64
山东	-8.54		-8.05	-9.40	18.49	8.38
海南	-0.77		5.69	-7.51	16.97	16.07
东北	-8.36	-10.81		-8.81	17.79	7.94
西北	-2.02		9.82	-5.86	22.03	19.57
华东	-7.27	0.35		-3.00	15.01	6.65
西南	-8.75		122.68	-17.22	20.82	10.25
华南	-4.56	49.94		0.90	13.87	8.68
中南	-7.70	-7.26		-7.55	14.49	5.68
总体	-6.51	1.74	1.74	-6.51	17.65	9.91

注：表中空格表示没有调入调出。

表 8-15　情景 5　模拟结果相对于基准方案的变化　（%）

区域	供给	调入	调出	需求	价格	生产者收入
北京	-17.88	10.73		6.33	20.63	-0.94
天津	-7.71	36.36		1.23	20.68	11.38
河北	-5.35		-8.71	-1.87	21.79	15.28
山西	-3.64		12.03	-7.95	22.01	17.58
辽宁	-9.54		-7.60	-10.58	23.70	11.90
山东	-11.14		-10.81	-11.74	22.25	8.63
海南	-2.43		4.93	-10.10	20.68	17.75
东北	-10.66	-12.41		-10.98	21.55	8.60
西北	-3.98		7.36	-7.66	26.02	21.01
华东	-9.95	-1.52		-5.22	18.58	6.78
西南	-10.56		130.08	-19.62	24.75	11.57
华南	-7.34	47.45		-1.85	17.41	8.80
中南	-9.76	-10.13		-9.89	18.07	6.55
总体	-8.79	-0.38	-0.38	-8.79	21.40	10.65

注：表中空格表示没有调入调出。

表 8－16　情景 6　模拟结果相对于基准方案的变化　（%）

区域	供给	调入	调出	需求	价格	生产者收入
北京	－22.08	9.31		4.48	24.46	－3.03
天津	－10.76	39.37		－0.59	24.51	11.12
河北	－7.22		－11.30	－3.00	25.68	16.61
山西	－5.32		11.74	－10.02	25.91	19.22
辽宁	－12.17		－10.78	－12.92	27.69	12.15
山东	－13.68		－13.48	－14.02	26.13	8.88
海南	－4.06		4.16	－12.62	24.51	19.46
东北	－12.90	－13.98		－13.10	25.43	9.25
西北	－5.90		4.95	－9.42	30.14	22.46
华东	－12.54	－3.37		－7.40	22.26	6.92
西南	－12.34		136.91	－21.95	28.80	12.91
华南	－10.03	44.97		－4.52	21.06	8.92
中南	－11.77	－12.92		－12.16	21.76	7.43
总体	－11.02	－2.47	－2.47	－11.02	25.26	11.38

注：表中空格表示没有调入调出。

表 8－17 反映了人口增加以及城镇化水平的提高带来的供需缺口情况。随着人口增加，销地市场如北京、天津、华南地区供需缺口均大于基准方案，也发现随着城镇化率的不断提高，缺口出现相对递减的趋势，即高城镇化率的主销地供需缺口往往会变小。与基准方案自给率比较，人口增长会引起主销地如北京、天津、华东、华南、中南地区自给率下降，主产地如山西、辽宁、山东、海南、西北、西南地区自给率提高。

表 8－17　人口增长与城镇化情景方案供需缺口和自给率变动情况汇总

区域	供需缺口/万吨				自给率变动/%		
	基准方案	情景 4	情景 5	情景 6	情景 4	情景 5	情景 6
北京	－202.50	－227.09	－224.23	－221.36	－3.08	－3.50	－3.91
天津	－31.46	－41.89	－42.90	－43.85	－5.91	－7.04	－8.15
河北	742.17	697.16	677.52	658.29	－5.55	－7.21	－8.85
山西	106.04	119.05	118.79	118.49	5.29	5.97	6.65
辽宁	316.99	303.29	292.90	282.82	2.26	1.79	1.32

续表

区域	供需缺口/万吨				自给率变动/%		
	基准方案	情景4	情景5	情景6	情景4	情景5	情景6
山东	1867.54	1717.14	1665.66	1615.72	2.67	1.88	1.11
海南	101.62	107.41	106.64	105.85	14.87	17.42	20.01
东北	-228.12	-203.45	-199.81	-196.23	0.40	0.29	0.19
西北	329.95	362.36	354.23	346.28	5.41	5.28	5.15
华东	-1865.10	-1871.69	-1836.74	-1802.27	-1.94	-2.19	-2.44
西南	180.41	401.75	415.10	427.42	10.88	11.99	13.11
华南	-248.57	-372.71	-366.52	-360.36	-4.87	-5.03	-5.19
中南	-1068.96	-991.33	-960.64	-930.81	-0.11	0.09	0.30

注："自给率"指情景方案模拟结果相对于基准方案变动百分比。

8.4.2.2　对区域间流通格局的影响

从表8-14、表8-15、表8-16还可以看出，随着人口的增加以及城镇化水平的提高，各地区调入（调出）出现增减变化不一的现象，情景4总流通量增加了1.74%，情景5和情景6总流通量分别降低了0.38%、2.47%。在人口增加和城镇化水平提高的共同作用下，调入区北京、天津、华南的调入量增加，调出区西南、西北以及海南地区的调出量增加，其他调入区的调入量减少。表8-18、表8-19、表8-20分别反映了三种情景方案下蔬菜区域流通的具体模拟结果。

表8-18　情景4　区域间流通模拟结果相对于基准方案的变化　（%）

调入区	调出区						
	河北	山西	辽宁	山东	海南	西北	西南
北京	16.57		0.94				
天津			33.15				
东北			2.92				
华东	154.55			-7.93			
华南					0.09		80.54
中南	-37.39	12.27				9.82	307.68

注：表中空格表示没有调入调出。

表 8-19　情景 5　区域间流通模拟结果相对于基准方案的变化　(%)

调入区	调出区						
	河北	山西	辽宁	山东	海南	西北	西南
北京	19.95		-12.59				
天津			36.38				
东北			2.92				
华东	171.08			-10.69			
华南					0.09		76.85
中南	-44.33	12.03				7.36	363.76

注：表中空格表示没有调入调出。

表 8-20　情景 6　区域间流通模拟结果相对于基准方案的变化　(%)

调入区	调出区						
	河北	山西	辽宁	山东	海南	西北	西南
北京	23.10		-25.55				
天津			39.38				
东北			2.92				
华东	186.55			-13.37			
华南					0.09		73.19
中南	-50.91	11.74				4.95	416.61

注：表中空格表示没有调入调出。

与基准方案比较，北京、天津、东北、华南供给来源地没有发生变动。对于华东地区，除原有供给地以外，还增加了河北地区。

图 8-7、图 8-8、图 8-9 分别为情景 4、情景 5、情景 6 下北京市蔬菜供给来源的优化结果。当人口增加与城镇化率提高时，与基准方案相比较，北京自身供给率不断下降，约为 12%，来源地没有发生变化，不过供应比例发生了一些变化。总体来看，北京市蔬菜供给来源地区比较稳定，没有变动，随着城镇化率的提高，辽宁供给所占的比重呈下降趋势，但河北供给的比重逐渐提高。随着城镇化率提高，对应情景 4、情景 5、情景 6 的模拟结果，北京市自身供给的比例会逐渐减少。

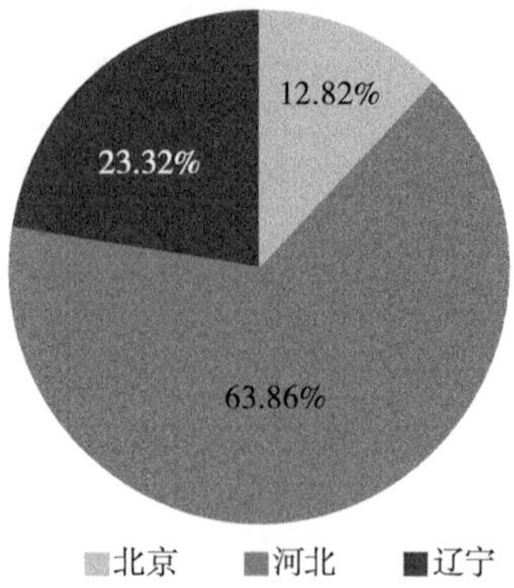

图 8－7　情景 4　北京市蔬菜来源分布模拟结果

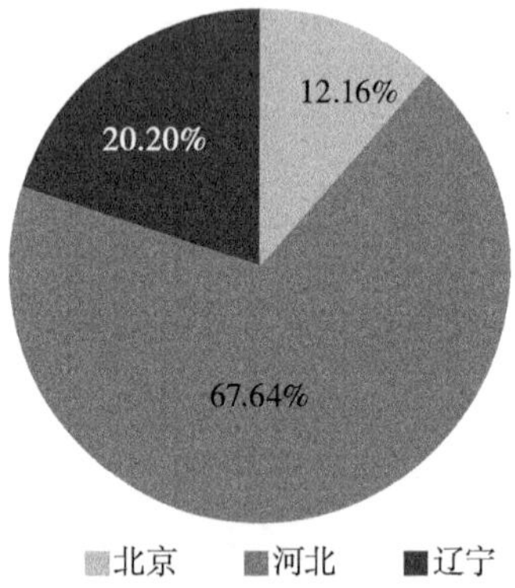

图 8－8　情景 5　北京市蔬菜来源分布模拟结果

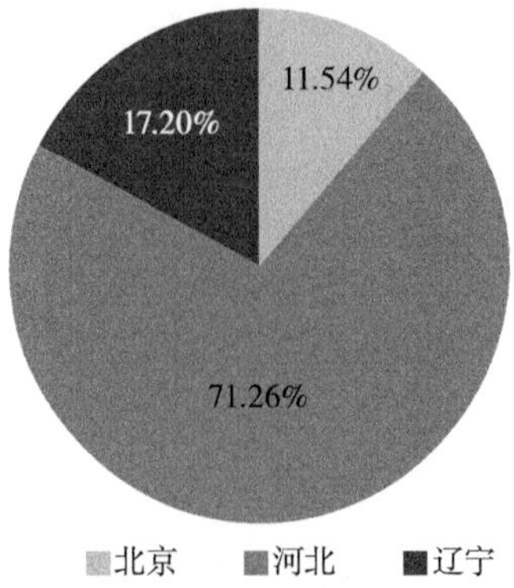

图 8－9　情景 6　北京市蔬菜来源分布模拟结果

8.4.3 流通成本情景方案下的模拟

根据模型的数学表达式，影响蔬菜流通的一个重要外生变量是单位运输成本，因此，设立情景方案——流通成本的降低对蔬菜空间均衡的影响，这一情景的理论基础是：根据价格联系方程，流通发生的条件是两个地区的价格差异大于单位流通成本，当流通成本发生变化时，会影响供给地区与需求地区相应的价格，进而对地区供给、需求、流通量产生影响。近些年来，国家为推动鲜活农产品市场供应，制定了一系列政策来降低流通费用，同时对公路、铁路等基础设施投入增大，这都在一定程度上降低了流通成本，促进了地区间的流通。为反映这一情景对蔬菜空间均衡布局的影响，设立了以下情景方案：

情景7：地区间流通成本同时降低50%时，空间均衡变化情况。

8.4.3.1 对地区供需分布的影响

该情景方案与基准方案比较（见表8－21），蔬菜总供给和总需求增加0.10%，平均价格上涨0.45%。总体来看，流通成本的下降对蔬菜供给和需求影响比较小，同时调入区普遍出现供给减少、需求增加以及价格下降的现象，调出区则出现相反的现象，即供给增加、需求减少以及价格上升。当地区间流通成本下降后，根据价格联系方程，调入区价格会出现下降，引起该地区需求量增加，需求增加又会引发调入区价格的上升，但是价格上升的幅度无法抵消掉下降的影响，总体来看，该地区的价格和供给呈下降趋势。例如当北京蔬菜价格下降0.12%，相应需求量增加0.06%，供给量下降0.02%，天津、东北、华东、华南、中南也出现类似的现象。

表8－21 情景7 模拟结果相对于基准方案的变化 （%）

区域	供给	调入	调出	需求	价格
北京	－0.02	0.08		0.06	－0.12
天津	－0.01	0.29		0.05	－0.08
河北	0.10		0.54	－0.35	0.70
山西	0.13		3.16	－0.71	0.86
辽宁	0.19		3.85	－1.77	2.05

续表

区域	供给	调入	调出	需求	价格
山东	0.05		0.73	-1.18	1.23
海南	0.01		0.09	0.08	0.08
东北	-0.05	2.92		0.49	-0.53
西北	0.39		11.39	-3.18	3.69
华东	-0.04	2.23		1.23	-1.37
西南	0.37		45.83	-2.55	2.79
华南	-0.15			2.34	-2.39
中南	-0.07	5.31		1.77	-1.93
总体	0.10	4.21	4.21	0.10	0.45

注：表中空格表示没有调入调出。

调入区普遍出现需求增加的现象，调出区由于生产调整需要一定的周期，在短时期内会出现供小于求的现象，引发调出区价格上涨，从而导致该地区自身供给上升和需求下降。例如河北蔬菜价格上升0.70%，相应需求量下降0.35%，供给量增加0.10%，其他调出区也出现类似现象。

8.4.3.2　对区域间流通格局的影响

从表8-21还可以看出，当地区间流通成本下降时，各地区调入（调出）均出现增加的现象，换言之，也就是地区间流通成本的下降，会促使地区间流通量增加，总调入量和总调出量均增加4.21%。表8-22反映了在该情景方案下蔬菜区域流通的具体模拟结果。

表8-22　情景7　区域间流通模拟结果相对于基准方案的变化　（%）

调入区	调出区						
	河北	山西	辽宁	山东	海南	西北	西南
北京	-12.82		32.66				
天津			0.32				
东北			2.92				
华东	25.46			0.86			
华南					0.09		41.86
中南	-0.48	3.16				11.38	63.22

注：表中空格表示没有调入调出。

与基准方案相比较，北京、天津、东北、中南供给来源地没有发生变动；对于华东地区，除原有供给地以外，还增加了河北地区；几乎所有地区的流通量均增加。

图 8－10 为情景 7 下北京市蔬菜供给来源的优化结果。与基准方案比较，北京自身的供给量基本稳定，来源地没有发生变化，不过供应比例发生了一些变化，河北、辽宁对北京市场的供给比例分别为 52.83%、31.80%，河北由于增加了对华东地区的供应，因而减少了对北京的供给，与此同时，辽宁供给的比重有所提高。

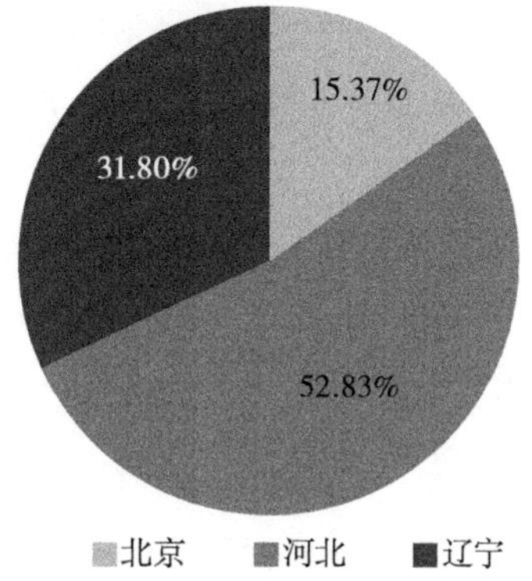

图 8－10　情景 7　北京市蔬菜来源分布模拟结果

8.5　空间均衡视角下北京蔬菜供需的综合分析

本章基于空间均衡模型，将供给、需求与流通置于全国市场体系下，模拟北京市及全国其他地区蔬菜生产和消费的基本格局以及变动趋势，表 8－23 反映的是七种不同情景下的方案模拟结果。

表 8－23　空间均衡模型中北京地区供需状况变化

项目	基准方案	情景 1	情景 2	情景 3	情景 4	情景 5	情景 6	情景 7
供给/万吨	36.81	37.28	36.87	36.96	31.85	30.23	28.68	36.80
需求/万吨	239.31	248.48	237.87	256.57	258.94	254.45	250.04	239.46
流通量/万吨	202.50	211.20	201.00	219.61	227.09	224.23	221.36	202.66
价格/（元/吨）	4386.78	4784.63	4436.24	4509.45	5129.09	5291.81	5459.62	4381.69
生产者收入/%	—	10.47	1.29	3.21	1.18	－0.94	－3.03	－0.14

注："生产者收入"指情景方案模拟结果相对于基准方案变动百分比。

基于全国空间均衡条件下，关于收入增长的情景，它直接作用在需求方面，情景1、情景2、情景3的需求量较基准方案均增加，带动供给也增加，同时随着地区发展差距的缩小，北京自身供给和需求均下降，价格升高；关于人口增长与城镇化水平提高的情景，它同时直接作用于需求和供给两个方面，情景4、情景5、情景6的需求量、价格较基准方案均增加，但是供给却出现了下降，随着城镇化水平的提高，北京市自身供给和需求均下降；关于地区流通情景，它直接作用在流通方面，情景7的需求量和供给量较基准方案变化不大。

在空间均衡条件下，供应北京地区主要为河北和辽宁，在不同情景方案下，两者供给所占的比重有所不同，表8-24反映了七种不同情景下地区比重变化的模拟结果。

表8-24 空间均衡模型中北京地区供给比重变化 (%)

地区	基准方案	情景1	情景2	情景3	情景4	情景5	情景6	情景7
北京	15.38	15.00	15.50	14.40	12.82	12.16	11.54	15.37
河北	60.63	61.07	50.90	47.02	63.86	67.64	71.89	52.83
辽宁	23.99	23.93	33.60	38.57	23.32	20.20	17.20	31.80

从表8-24可以看出，当改变需求或是流通时（情景1、情景2、情景3、情景7），北京市蔬菜自身供给比重较稳定，约为15%；随着辽宁供给的比重增加，两大主要来源地辽宁和河北供给比重的差距不断缩小。当改变供给时（情景4、情景5、情景6），北京市蔬菜自身供给比重下降；随着河北供给的比重增加，两大主要来源地辽宁和河北之间的差距不断增大。

8.6 本章小结

北京市蔬菜供给是通过与外埠地区流通而实现的，因此本章将北京市蔬菜供给纳入全国体系框架内进行分析，从横向维度将全国各地区进行联结；蔬菜供给是由生产和流通环节共同完成的，从纵向维度将供应链进行联结。因此，基于空间均衡模型，根据不同情景方案模拟北京市及全国其他地区蔬菜生产和消费的基本格局以及区域间的流通量，分析空间均衡格局的各种潜在演变趋势。主要研究结论概括如下：

首先，将全国体系划分为北京及其他 12 个区域，所构建的蔬菜空间均衡模型通过了相关检验，说明模型是有效的。在基准方案下，需求大于供给的区域有 5 个，分别为北京、东北、华东、中南、华南地区，属于蔬菜调入区，供给大于需求的区域有 8 个，分别为天津、河北、山西、辽宁、山东、海南、西北、西南地区，属于蔬菜调出区。地区间的流通情况，河北的蔬菜主要运往北京和中南地区；山西的蔬菜主要运往中南地区；辽宁的蔬菜主要运往北京、天津及东北地区；山东的蔬菜主要运往华东地区；海南的蔬菜主要运往华南地区；西南的蔬菜主要运往华南、中南地区；西北地区为夏秋蔬菜优势区，其蔬菜主要运往中南地区。河北、辽宁为北京供给的优化来源地，对北京市场供应比例分别为 49.82%、35.05%。

其次，分别从收入增长、人口增长与城镇化水平提高、流通成本下降三个方面设计了七个情景方案，探讨不同情景下，各地区生产、消费和流通的优化结果。对于北京市，关于收入增长的情景，它直接作用在需求方面，需求量较基准方案均增加，带动供给也增加；关于人口增长与城镇化水平提高的情景，它同时直接作用于需求和供给两个方面，需求量、价格较基准方案均增加，但是供给却出现下降，随着城镇化水平的提高，北京市自身供给和需求均下降；关于地区流通的情景，它直接作用在流通方面，需求量和供给量较基准方案变化不大。在模拟地区间流通结果中，在空间均衡条件下，供应北京的地区为河北和辽宁，在不同情景方案下，两者供给所占的比重有所不同。

第9章　蔬菜供给效应及供给体系

蔬菜的跨区域供给对满足居民蔬菜消费需求至关重要，外埠地区在蔬菜供给过程中会产生经济成本、土地资源和水资源的损耗以及对大气环境造成影响。本章以跨区转移的蔬菜供给作为切入点，从经济和资源视角定量测度外埠地区蔬菜供给产生的经济成本和资源损耗情况。研究对于分析农产品跨地区供给的经济和生态评价具有重要作用。

首先，从经济成本视角测算北京市蔬菜外埠地区供给的经济效应；其次，分别采用生态足迹、水足迹、碳足迹测算外埠地区蔬菜供给活动给资源带来的影响效果，并基于主成分分析法对外埠地区蔬菜供给效应类型进行划分，总结北京市蔬菜供给体系的特点。本章共分为六部分：第一部分是蔬菜的供给效应；第二部分是蔬菜供给的经济效应分析；第三部分是蔬菜供给的资源效应分析；第四部分是外埠地区蔬菜供给效应的综合评价；第五部分是北京市蔬菜供给体系构建研究；最后是本章小结。

9.1　蔬菜的供给效应

蔬菜供给过程中会产生多种效应，包括正向效应，如通过供给，可以增加蔬菜供应链上从种植到流通各环节相关主体的收入，同时也可以满足居民日常生活需求等，也有负向效应，如跨区域蔬菜供给产生的经济成本和资源损耗。本章主要关注经济和资源方面的负向效应。

对于经济效应，依据成本构成分析法，在确定研究对象的基础上，对蔬菜供给周期的所有环节进行总成本核算，通过经济距离测算外埠地区蔬菜供给的合理半径；对于资源效应，生态足迹、水足迹是非货币化的生态系统评估工具，可以用来测算食物来源地区所需真实的土地面积和水资源含量，碳足迹可以用来量化供给行为对大气环境和气候变化的影响（吴燕等，2011）。

9.1.1　经济效应的概念与内涵

经济边界反映外埠地区蔬菜供给带来的经济成本损耗情况（项朝阳，2014）。通过以下 6 个步骤测算外埠地区蔬菜供给的经济边界。

（1）经济成本（b）、生产成本（c）和流通成本（t）：每个外埠地区将生产出来的蔬菜运输到北京市的过程中涉及的经济成本（b），包括生产成本（c）和流通成本（t），通过经济成本反映每个外埠地区供给的覆盖范围。

研究选取北京市蔬菜外埠供给的 6 个主要地区，包括天津、河北、内蒙古、辽宁、山东和海南。经济总成本包括生产成本和流通成本。对于生产成本，产值反映了收购商在蔬菜生产地的收购成本，因此用产值来替代外埠地区蔬菜的生产成本，数据来源于《全国农产品成本收益资料汇编》（2014）中番茄、黄瓜、白菜、土豆和豆角 5 种蔬菜生产者出售价格的平均值。对于流通成本，在流通成本中长途运输费所占比重最大，一般占到蔬菜总流通成本的一半，以 15 吨装载蔬菜汽车为例，其行驶百千米消耗汽油 27 升，为了简化过程，通过计算每千米消耗的运输成本，由此推算出单位流通成本。在进行经济边界测算过程中，假定单位流通成本是常数，流通成本用北京市和外埠地区省会的直线距离与单位流通成本之积来表示。可以构造如下公式来计算每个外埠地区的经济成本（b）：

$$b_i = c_i + t_i = c_i + m_i \times s_i \times d_i \tag{9-1}$$

式中，m_i代表各外埠地区供给北京市蔬菜的重量，s_i代表各外埠地区供给北京市蔬菜的单位流通成本，d_i代表各外埠地区与北京市之间的直线距离。

（2）单位距离的经济成本（a）：用来表示每个外埠地区将生产出来的蔬菜运输到北京市的过程中每单位距离的经济成本，数值上等于每个地区经济成本（b）除以北京市与外埠地区省会的直线距离。通过单位距离的经济成本，可以了解北京市从每个外埠地区获取农产品的难易程度。可以构造如下公式来计算每个外埠地区单位距离的经济成本（a）：

$$a_i = b_i \div d_i \tag{9-2}$$

（3）经济总成本（B）：用来表示所有外埠地区将农产品运输到北京市的过程中的经济总成本，数值上等于每个外埠地区经济成本（t）的加总。通过经济总成本，可以了解外埠地区供给北京市蔬菜的经济成本覆盖范围与大小。可以构造如下公式来计算经济总成本（B）：

$$B = \sum b_i \tag{9-3}$$

（4）单位距离的经济总成本（A）：用来表示外埠地区农产品供应的单位距离加权经济成本，数值上等于每个外埠地区单位距离的经济成本（a）的加总。通过单位距离的经济总成本，可以了解北京市从各外埠地区获取蔬菜总体的难易程度。可以构造如下公式来计算单位距离的经济总成本（A）：

$$A = \sum a_i \tag{9-4}$$

（5）经济边界（S）：用来表示外埠地区的辐射范围，数值上等于经济总成本除以单位距离的经济总成本。通过经济边界，可以判断外埠地区蔬菜供应的经济影响范围。可以构造如下公式来计算单位距离的经济总边界（S）：

$$S = B \div A \tag{9-5}$$

（6）单位经济边界（s）：用来表示外埠地区单位重量农产品的辐射范围，数值上等于经济边界除以外部蔬菜供给总重量。通过单位经济边界，可以判断北京市获取外埠地区蔬菜的难易程度。那么可以构造如下公式来计算单位经济边界（s）：

$$s = S \div \sum m_i \tag{9-6}$$

上述运算过程可以通过图 9-1 来反映。

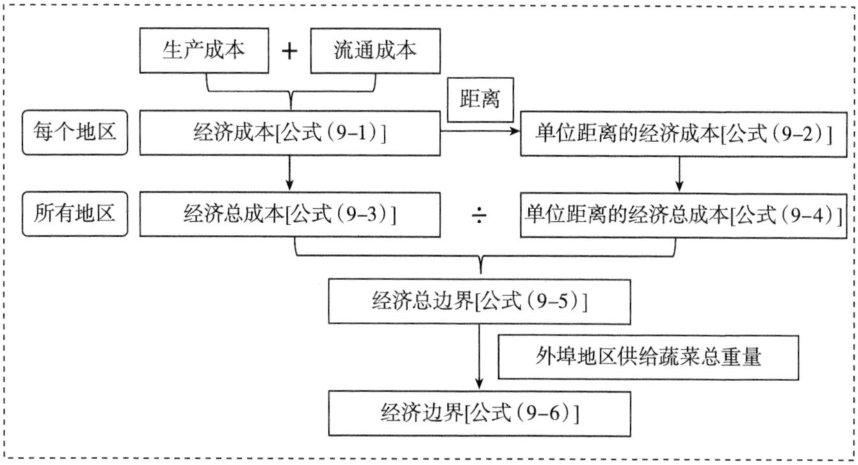

图 9 –1　蔬菜跨区域供给经济边界理论基础

9. 1. 2　生态足迹与资源效应

生态足迹用来度量实际土地使用的情况，即外埠地区供给的蔬菜若选择在北京市生产，需要使用的土地面积，以此真实地反映外埠地区蔬菜供给对土地资源的占用情况。具体求解过程如图 9 –2 所示。

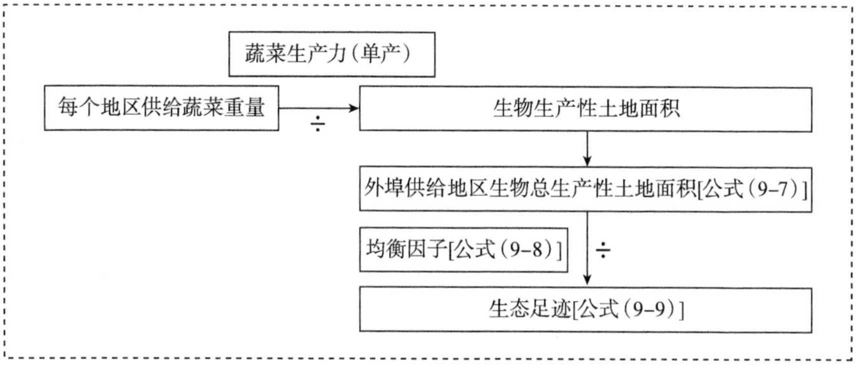

图 9 –2　蔬菜跨区域供给生态足迹理论基础

计算步骤如下：将每个外埠供给地区的蔬菜供给数量折算成生物生产性土地面积，则：

$$S = \sum s_i = \sum (m_i / Y_i) \qquad (9-7)$$

式中 S、m_i、Y_i 分别为外埠地区蔬菜供给所需要的土地面积（10^3hm^2）、各外埠地区的蔬菜供给量（万吨）和各外埠地区或北京市的蔬菜生产力（单产水平，kg/hm^2）。

由此，可以得到外埠蔬菜供给的生态足迹：

$$R_j = \overline{p_j}/\overline{p} \tag{9-8}$$

$$EF = S \times R \tag{9-9}$$

式中 EF 为生态足迹（10^3hm^2），R 为均衡因子，蔬菜所占用土地类型为耕地类型，均衡因子等于北京耕地的平均生产力（$\overline{p_j}$）与北京所有类型土地平均生产力（$\overline{p}$）的比值，可以反映蔬菜所占用耕地类型的生产力与其他土地类型的差别。参照已有文献，将供给来源地和北京市的平衡因子分别设定为 1.38 和 1.07。

9.1.3 水足迹与资源效应

虚拟水是指在生产产品和服务中所需要的水资源。蔬菜水足迹是指在蔬菜生长过程中所需的虚拟水。水足迹计算公式如下：

$$VW = P \times M \tag{9-10}$$

式中 VW 为蔬菜供给的水足迹（m^3），P 为单位质量虚拟水含量，这里的单位质量虚拟水含量数值上等于农产品生产过程中的需水量除以该农产品的平均产量，单位虚拟水含量参照已有文献，按照北京市和全国标尺分别设定为 0.19 和 0.22。

9.1.4 碳足迹与资源效应

碳足迹从生态足迹这一概念衍生而来，生态足迹衡量的是人类活动对土地资源造成的影响，通过生物性土地面积来表示，相应地，碳足迹衡量的是人类活动所排放的温室气体量，从而对大气环境和气候环境造成的影响，通过温室气体质量来表示，现有文献比较通用的指标是二氧化碳的质量（黄祖辉，2011）。

核算碳足迹的方法比较常见的有投入产出分析法和生命周期分析法（吴燕，2012）。其中，投入产出分析法是一种自上而下的计算方法，适用于宏观系统的碳足迹核算，通过投入产出表以及数学模型，将终端生产产品或服务情况作为桥梁，从而测算出整个生产链所产生的温室气体排放量；生命周期分析法是一种自下而上的计算方法，适用于微观系统的碳足迹核算，考虑的是整个生命周期内碳排放的情况，鉴于此，采用生命周期分析法对北京市外埠地区蔬菜供给的碳足迹进行测算。

北京市外埠地区蔬菜供给的碳足迹包含整个供给产业链中的碳排放（见图9-3），分为两个部分：第一部分是蔬菜生产过程中所产生的碳排放，即化肥、农药、机械在生产过程中消耗了能源，产生了二氧化碳气体；第二部分是蔬菜从外埠地区运输到北京市所需动力燃料产生的碳排放，利用IPCC报告中动力能源的排放系数测算蔬菜流通过程中二氧化碳排放量（宋博，2015）。两部分共同构成了蔬菜整个外埠地区供给生命周期中的碳排放。

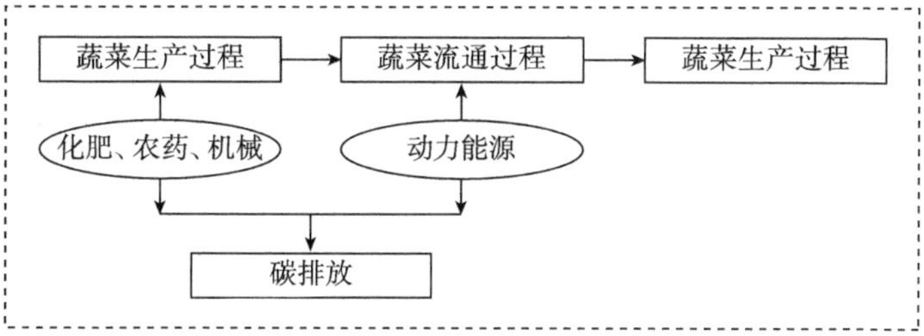

图9-3　蔬菜跨区域供给的生命周期

生产过程中化肥、农药、机械的碳排放测算公式如下：

$$E = E_i = \sum \mu_i V_i \tag{9-11}$$

式中，E 为生产投入的碳排放量，E_i 为生产中各个投入要素的碳排放量，μ_i 为生产中各个投入要素的碳排放系数，V_i 为生产中各个投入要素的投入量。参考相关文献，按照化肥碳排放系数3.28千克二氧化碳/千克、农药碳排放系数18.09千克二氧化碳/千克进行测算，蔬菜化肥和农药投入量按照相关文献中单位质量蔬菜化肥、农药的投入量进行测算；蔬菜机械主要包括在生产中种植与管理机械、排灌机械，利用以往文献中单位质量蔬菜耗柴油量进行测算，柴油碳排放系数为2.13千克二氧化碳/千克，各参数取值汇总在表9-1中。

表9-1 相关投入的碳排放系数 单位：千克二氧化碳/千克

项目	生产过程			流通过程
	化肥	农药	柴油	动力汽油
排放系数	3.28	18.09	2.13	2.98

蔬菜外埠地区供给运输主要考虑公路运输，根据联合国政府间气候变化专门委员会（IPCC）提供的方法，流通过程中动力汽油的碳排放的测算公式如下：

$$E = f_i V_i \mu_i \tag{9-12}$$

式中，E 为流通中碳排放量，f_i 表示动力汽油的净热值，其热值为43070千焦/千克；V_i 为流通过程中汽油消耗的数量，以15吨装载蔬菜汽车为例，其行驶百千米消耗汽油27升，根据外埠地区与北京市的距离、运输蔬菜重量，得到流通过程中动力汽油的消耗数量；μ_i 为动力汽油的碳排放系数，参考相关文献，按照IPCC提供的参数，动力汽油碳排放系数为2.98千克二氧化碳/千克。

9.1.5 北京市蔬菜供给的地区来源结构分析

测算供给效应还需要北京市蔬菜外埠地区供给量和食物来源地供应比例的数据，同时为了探究现实与模拟之间的差异，将现实数据和通过空间均衡得到的模拟结果进行对比分析。

外埠地区供给量等于北京市总消费量与北京市农户蔬菜出售量之差。对于外埠地区供给量的现实数据，由于无法获取北京城镇居民人均蔬菜消费量，研究采用《中国统计年鉴（2015）》东部地区城镇居民人均消费量替代北京市人均消费量，结合《北京统计年鉴（2015）》中农村居民人均蔬菜消费量和城乡人口数测算北京市蔬菜总消费量；外埠地区供应比例参照赵友森（2011）、王雅静和李亚琼（2014）的数据。数据基本情况汇总见表9-2。

表9-2 2014年北京市外埠地区蔬菜供给的基本情况

外埠地区供给/万吨	供给来源比例/%						
	天津	河北	内蒙古	辽宁	山东	海南	其他
204.7	3.4	34.8	4.2	4.9	26.4	2.8	13.4

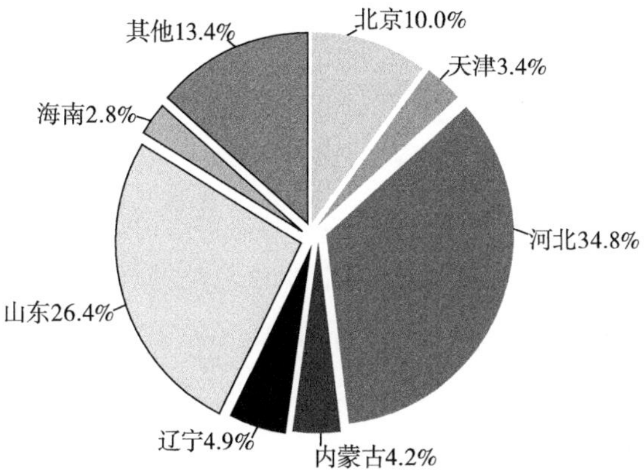

图9-4 蔬菜跨区域供应来源分布

按上述计算过程测算模拟数据中外埠地区供给量。外埠地区供应比例来自空间均衡模型的基础方案，河北供给的比重为60.63%，辽宁供给的比重为23.99%。

北京市作为特大城市，所需大部分蔬菜由外埠地区供应（见表9-2）。按照现实外埠地区蔬菜供应比例，河北、山东为蔬菜主要来源地，对北京市场供应比例占到总体的60%以上。同时可以发现，其他外埠地区蔬菜供给来源地均位于北京周边，具有便利的交通条件，加上自身都是蔬菜生产大省，是北京市“菜篮子”工程的有机组成部分，对保障北京市蔬菜供应起到了重要作用。按空间均衡外埠地区蔬菜供应比例，河北和辽宁对北京蔬菜市场供应比例分别为60.63%和23.99%。对比实际和模拟的供应比例，可以发现模拟结果的供应来源地更加集中，河北和辽宁本来就是北京外埠地区蔬菜供应的主力，在模拟结果中两者所占的比重均大幅度提高，但是现实中北京市主要供应来源地山东却没有出现在模拟结果中。

9.2 蔬菜供给的经济效应分析

9.2.1 基于蔬菜供给地区结构现状的经济效应分析

表9-3列出了北京市各外埠地区蔬菜供给的经济成本、单位距离的经济成本、经济边界以及单位经济边界的情况（Otsuki，2001）。其中，经济

成本的影响因素包括单位生产成本、单位流通成本及所供给蔬菜的重量，其中河北地区的经济成本在外埠地区蔬菜供给的经济总成本中所占比重最大，为43.7%，其次为山东地区，为32.2%，海南地区虽然供给总重量最小，但是生产成本和流通成本相对较高，因此经济成本比重排在第三，为8.0%，仅三个地区的经济总成本就占到总体的80%以上。单位重量的经济成本反映了供给地区运输单位重量蔬菜消耗的经济成本情况，辽宁、山东最低，其次为内蒙古和河北，海南最高。对于单位距离的经济成本，除天津以外，其他五个地区存在一定的规律：随着与北京市直线距离的增大，单位距离的经济成本呈减少趋势，进一步测算每单位重量的单位距离经济成本，可以在一定程度上反映外埠地区蔬菜供给的难易程度，通过测算，海南蔬菜具有一定的经济成本优势，南菜北运的经济情况仍然存在；比较北京周边环渤海生产区域，可以看到辽宁相较于其他地区具有一定的经济成本优势，这与近几年来辽宁逐渐成为北京市外埠地区蔬菜主要来源地之一的背景相一致。北京市外埠地区蔬菜供给的经济边界为306.6千米，蔬菜供给主要由北京周边的天津、河北、内蒙古、辽宁等直线距离较近的省份提供，另外少量由海南等南方省份提供，经济边界相对较小。外埠地区蔬菜供给所占比重越大的地区，对经济边界的贡献率越高。北京市外埠地区蔬菜供给的经济成本相当于每万吨蔬菜由距离北京1.96千米的地区运往北京所消耗的经济成本，说明北京市外埠地区蔬菜供给相对容易，经济成本较为合理。

表9－3　北京市外埠地区蔬菜供给的经济效应

项目	天津	河北	内蒙古	辽宁	山东	海南	总体
经济成本/万元	13399.7	113590.7	13686	14556.6	83498.7	20833.9	259565.8
单位重量的经济成本/（元/吨）	1925.3	1594.6	1591.9	1451.3	1545.1	3634.9	1657.6
单位距离的经济成本/（万元/千米）	129.3	420.4	33.5	23.4	228.1	9.1	843.8
单位距离的单位重量的经济成本/（元/千米·吨）	18.6	5.9	3.9	2.3	4.2	1.6	5.4

续表

项目	天津	河北	内蒙古	辽宁	山东	海南	总体
经济边界/千米	—	—	—	—	—	—	306. 6
单位经济边界/（千米/万吨）	—	—	—	—	—	—	1. 96

9. 2. 2　基于空间均衡模拟结果的经济效应分析

表 9 –4 列出了基于空间均衡模拟结果所测算的经济效应，与上述蔬菜现实中的外埠地区供给结构相比，当供给来源地区由之前 6 个地区集中到 2 个地区，经济总成本以及单位重量经济成本均下降，会减少经济损耗。

表 9 –4　基于空间均衡模拟的供给经济效应

项目	河北	辽宁	总体
经济成本/万元	178912. 1	64429. 2	243341. 3
单位重量的经济成本/（元/吨）	1594. 6	1451. 3	1553. 9
单位距离的经济成本/（万元/千米）	662. 1	103. 7	765. 9
单位距离的单位重量的经济成本/（元/千米·吨）	5. 9	2. 3	4. 9
经济边界/千米	—	—	317. 7
单位经济边界/（千米/万吨）	—	—	2. 0

9. 3　蔬菜供给的资源效应分析

外埠地区蔬菜供给所消耗的耕地和用水量反映了保障北京市蔬菜供给所需要占用的土地资源和水资源（Liu，2013）。外埠地区蔬菜供给活动也会对大气环境产生一定的影响，本章通过计算北京市蔬菜外埠地区蔬菜供给所消耗的生态足迹、水足迹和碳足迹，反映土地资源、水资源的利用情况和对大气环境的影响效果。

9. 3. 1　蔬菜供给生态足迹的测算分析

生态足迹有两个重要因素，分别为平均产量和均衡因子，分别按照外埠地区和北京市的参数对生态足迹进行测算（陈文辉，2016），结果见表 9 –5。北京市的均衡因子小于外埠供给地区，说明北京市耕地生产力低于外埠地区水平，按照外埠地区和北京市不同平均产量和均衡因子，可以计算得到的生态足迹为 $36.78\times10^3hm^2$ 和 $38.92\times10^3hm^2$，即北京市六个外埠地区蔬菜供给量的土地资源，若按照外埠地区耕地生产力来供应，所需要的土地资源相对较少，若按照北京市耕地生产力来供应，所需要的土地资源较大，即需要相当于北京市 $38.92\times10^3hm^2$ 的土地才能维持北京市蔬菜供给，这个数值约是北京市面积的 0.02 倍，可以在一定程度上说明，按照外埠地区的供给水平，可以节约土地资源。

表 9－5　北京市外埠地区蔬菜供给生态足迹

外埠地区蔬菜总供给量（10^4t）	土地类型	按外埠市尺度计算			按北京市尺度计算		
		平均生产力/（kg/hm^2）	均衡因子	生态足迹（10^3hm^2）	平均生产力/（kg/hm^2）	均衡因子	生态足迹（10^3hm^2）
156.60	耕地	58756.01	1.38	36.78	43055.82	1.07	38.92

北京市蔬菜主要由外埠地区供给。按照外埠地区生产力水平，可以得到北京市蔬菜占用各外埠供给地区实际土地面积的情况，结果见表 9－6。河北土地的生态足迹最大，为总生态足迹的 38.59%，山东占到 35.81%，其次分别为海南、内蒙古、辽宁和天津。考虑单位重量的北京市蔬菜占用各外埠供给地区实际土地面积的情况，海南的土地所占比重最高，其次分别为内蒙古、天津和山东，辽宁和河北占用最少。

表 9－6　北京市外埠地区蔬菜供给所占用的生物生产性土地地理分布

项目	天津	河北	内蒙古	辽宁	山东	海南
土地面积（10^3hm^2）	1.34	10.55	1.68	1.58	9.79	2.39
占生态足迹的比重/%	4.92	38.59	6.16	5.79	35.81	8.73
单位重量的土地面积/（hm^2/t）	0.19	0.15	0.20	0.16	0.18	0.42

按照空间均衡模拟数据，占用河北和辽宁的土地面积分别为 $16.6\times10^3hm^2$ 和 $6.9\times10^3hm^2$，消耗土地资源总量为 $23.6\times10^3hm^2$，小于基于蔬菜供给现状所消耗的土地资源总量（$27.3\times10^3hm^2$）。

9.3.2　蔬菜供给水足迹的测算分析

水足迹最重要的因素是单位质量虚拟水含量。从参数来看，北京市单位质量虚拟水含量小于全国地区，说明北京市单位蔬菜需水量水平低于外埠地区水平，分别按照北京市和全国地区参数对水足迹进行测算，结果见表 9－7。

表 9－7　北京市外埠地区蔬菜供给水足迹

外埠地区蔬菜总供给量（10^4t）	按北京市参数计算		按全国参数计算	
	单位质量虚拟水含量/（m^3/kg）	水足迹（10^8m^3）	单位质量虚拟水含量/（m^3/kg）	水足迹（10^8m^3）
156.60	0.19	2.98	0.22	3.45

按照外埠地区和北京市的参数对水足迹进行测算，得到的水足迹分别为 $2.98\times10^8m^3$ 和 $3.45\times10^8m^3$，即北京市六个外埠地区蔬菜供给量的水资源，按北京市水平来供应，需要产生的水足迹为 $2.98\times10^8m^3$，按全国水平来供应将产生 $3.45\times10^8m^3$ 水足迹，是北京市的 1.16 倍，若按照北京市来供给，会节约 $0.47\times10^8m^3$ 用水量，相当于北京市 2014 年实体用水量的 0.01 倍。

北京市外埠地区所需水资源的地理分布情况如表 9－8 所示，北京市外埠地区蔬菜供给的水资源主要来自河北和山东，分别为 $1.35\times10^8m^3$ 和 $1.03\times10^8m^3$，两个地区产生的水足迹占总水足迹的 80%，相当于北京市 2014 年实体用水量的 0.06 倍，其次分别为辽宁、内蒙古、天津和海南。单位重量北京市蔬菜占用各外埠供给地区水资源的情况，海南所占的比重最高，其次为山东和河北，辽宁、天津、内蒙古占比最低。

表 9－8　北京市外埠地区蔬菜供给所占用的水足迹地理分布（按北京市参数）

项目	天津	河北	内蒙古	辽宁	山东	海南
水足迹（10^8m^3）	0.13	1.35	0.16	0.19	1.03	0.11
占总水足迹的比重/%	4.44	45.49	5.49	6.41	34.51	3.66
单位重量的水足迹/（10^2m^3/t）	1.87	1.90	1.86	1.89	1.91	1.92

9.3.3 蔬菜供给碳足迹的测算分析

外埠地区蔬菜供给的碳足迹反映了北京市蔬菜供给对环境的影响（见表9－9）。北京市外埠地区蔬菜供给所产生的碳足迹为9.23×10^4t，碳足迹包括化肥投入、农药使用、机械作业和公路运输四个部分。碳足迹最主要的部分来自化肥，为4.94×10^4t，占到总体的53.53%，公路运输的碳足迹为2.43×10^4t，占到总体的26.33%，之后依次为机械作业、农药使用，分别占到总体的11.27%和8.88%。

表9－9 北京市外埠地区蔬菜供给碳足迹

项目	总计	生产过程			流通过程
		化肥投入	农药使用	机械作业	公路运输
碳足迹（10^4t CO_2）	9.23	4.94	0.82	1.04	2.43
占总碳足迹比重/%	100	53.53	8.88	11.27	26.33

北京市外埠地区碳排放的地理分布情况如表9－10所示，北京市外埠地区蔬菜供给的碳排放主要来自河北和山东，分别为3.84×10^4t和3.12×10^4t，约占总碳足迹比重的75%，其次分别来自海南、辽宁、内蒙古、天津。其中，海南流通环节的碳排放大于生产环节，其他地区生产环节的碳排放均大于流通环节。单位重量北京市蔬菜碳排放的情况，最多的是海南，其次分别为辽宁、山东、内蒙古，天津和河北排放最少。按照空间均衡模拟结果，河北和辽宁两地产生的碳排放总量为9.05×10^4tCO_2，小于基于蔬菜供给现状所产生的碳排放总量（9.23×10^4tCO_2），差异主要来自运输环节。

表9－10 北京市外埠地区蔬菜供给所占碳足迹的地理分布

项目	天津	河北	内蒙古	辽宁	山东	海南
生产碳足迹（10^4tCO_2）	0.30	3.09	0.37	0.44	2.35	0.25
流通碳足迹（10^4tCO_2）	0.03	0.75	0.14	0.24	0.77	0.51
碳足迹（10^4tCO_2）	0.33	3.84	0.51	0.68	3.12	0.75
占总碳足迹比重/%	3.58	41.62	5.52	7.34	33.76	8.22
单位重量的碳足迹/（tCO_2/吨）	0.05	0.05	0.06	0.07	0.06	0.13

9.4　外埠地区蔬菜供给效应的综合评价

北京市不断将其农产品供应赤字转移到外埠地区，通过经济成本、生态足迹、水足迹和碳足迹可以测算蔬菜供给过程中产生的经济成本、土地资源、水资源与大气环境的变化，分别从经济和资源两个方面反映了蔬菜供给效应。本章运用主成分分析法将多变量问题综合成一个单变量形式的评价指标，对外埠地区蔬菜供给效应进行综合评价。

9.4.1　主成分分析法

主成分分析法是一种多元统计方法，通常应用在处理变量较多的情况下，将多变量综合成几个少数变量的形式来进行综合评价，公式（9－13）代表原始数据，具体分析步骤为：

$$X = \begin{pmatrix} x_{11} & x_{12} & \cdots & x_{1p} \\ x_{21} & x_{22} & \cdots & x_{2p} \\ \vdots & \vdots & \vdots & \vdots \\ x_{n1} & x_{n2} & \cdots & x_{np} \end{pmatrix} \tag{9-13}$$

（1）将变量转化成均值为 0，标准差为 1 的无量纲数据，并测算相关系数［公式（9－14）、(9－15)］：

$$R = \begin{pmatrix} r_{11} & r_{12} & \cdots & r_{1p} \\ r_{21} & r_{22} & \cdots & r_{2p} \\ \vdots & \vdots & \vdots & \vdots \\ r_{p1} & r_{p2} & \cdots & r_{pp} \end{pmatrix} \tag{9-14}$$

$$r_{ij} = \frac{1}{n-1}\sum_{t=1}^{n} x_{ti}^{*} x_{tj}^{*} \tag{9-15}$$

（2）计算变量的相关系数矩阵的特征值（λ_1，λ_2，…，λ_p）和相应的特征向量 a_i ＝（a_{i1}，a_{i2}，…，a_{ip}）。

（3）选取主成分：各主成分所包含信息量是递减的，在实际分析中，根据各主成分的方差占全部方差的比重来进行选择，一般取值在 85% 以上，可以在一定程度上代表原有的变量。

（4）计算主成分得分，进行排序。

a_{ip}为变量在主成分中的载荷系数，载荷系数等于主成分载荷矩阵与主成分特征值的算数平方根的比值。将载荷系数代入主成分表达式，可以得到主成分得分：

$$F_i = a_{i1}x_{i1}^* + a_{i2}x_{i2}^* + \cdots + a_{ip}x_{ip}^* \quad (9-16)$$

9.4.2 外埠地区蔬菜供给效应的综合评价

样本选取了北京市蔬菜外埠供给的主要地区，分别为天津、河北、内蒙古、辽宁、山东和海南。变量包括经济成本 X_1（反映蔬菜供给经济成本消耗情况）、单位重量经济成本 X_2（反映单位重量蔬菜供给经济成本消耗情况）、生态足迹 X_3（反映蔬菜供给土地资源消耗情况）、单位重量生态足迹 X_4（反映单位重量蔬菜供给土地资源消耗情况）、水足迹 X_5（反映蔬菜供给水资源消耗情况）、单位重量水足迹 X_6（反映单位重量蔬菜供给水资源消耗情况）、生产环节碳足迹 X_7（反映蔬菜生产过程中对环境破坏情况）、流通环节碳足迹 X_8（反映蔬菜流通过程中对环境破坏情况）和单位重量碳足迹 X_9（反映单位重量蔬菜供给对环境破坏情况）九个变量。采用主成分分析法对各外埠地区进行综合评价。首先，得到各变量相关系数矩阵。从表 9－11 可以看出，各变量指标之间存在不同程度的相关性，经济成本变量与生态足迹、水足迹、生产环节碳足迹、流通环节碳足迹变量存在较强的正相关；单位经济成本变量与单位重量生态足迹、单位重量碳足迹存在较强的正相关；生态足迹与水足迹、生产环节碳足迹、流通环节碳足迹存在较强的正相关；单位生态足迹与单位重量碳足迹存在较强的正相关；水足迹与流通环节碳足迹存在较强的正相关；单位重量生态足迹与流通环节碳足迹存在较强的正相关；生产环节碳足迹与流通环节碳足迹存在较强的正相关，说明这些变量所反映的信息之间有较大程度的重合。

表 9－11　供给效应变量相关系数矩阵

指标	X_1	X_2	X_3	X_4	X_5	X_6	X_7	X_8	X_9
X_1	1.000								
X_2	－0.290	1.000							

续表

指标	X_1	X_2	X_3	X_4	X_5	X_6	X_7	X_8	X_9
X_3	0. 986	-0. 290	1. 000						
X_4	-0. 351	0. 981	-0. 330	1. 000					
X_5	0. 994	-0. 387	0. 985	-0. 440	1. 000				
X_6	0. 456	0. 516	0. 494	0. 489	0. 394	1. 000			
X_7	0. 994	-0. 388	0. 984	-0. 442	1. 000	0. 393	1. 000		
X_8	0. 868	0. 070	0. 898	0. 054	0. 836	0. 800	0. 835	1. 000	
X_9	-0. 339	0. 916	-0. 316	0. 950	-0. 420	0. 598	-0. 421	0. 123	1. 000

其次，得到特征值和主成分贡献率。由表 9 - 12 可知，第一个、第二个主成分特征值大于 1，同时贡献率达 96%，符合分析需求。图 9 - 5 为碎石图，各个主成分的大小用坐标图表示，直到折线的倾斜度变缓为止的主成分均被采用，图中拐点发生在第三个主成分，应选择两个主成分，因此，将外埠地区蔬菜供给效应的九个变量指标综合成两个主成分。

表 9 - 12　各主成分的特征值及方差贡献率

序号	特征值	贡献率/%	累计贡献率/%
1	5. 379	59. 767	59. 767
2	3. 316	36. 841	96. 608
3	0. 223	2. 472	99. 080
4	0. 059	0. 653	99. 733
5	0. 024	0. 267	100. 000

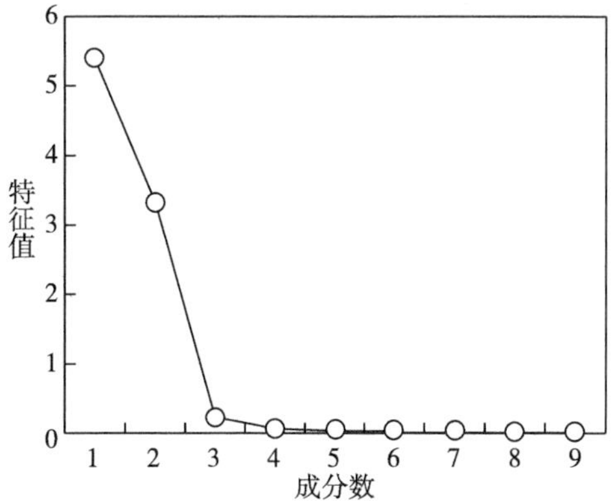

图 9 - 5　碎石图

最后，得到主成分得分。从主成分载荷矩阵（表 9 – 13）可以看出，该主成分与经济成本、生态足迹、水足迹以及碳足迹四个变量都有较大的相关性，这些变量反映了外埠地区蔬菜供给过程中消耗的经济成本和资源成本，因此可以作为评价外埠地区蔬菜供给效应的综合指标。

表 9 – 13　各主成分载荷矩阵和变量载荷系数

指标	主成分载荷矩阵		载荷系数	
	F_1	F_2	F_1	F_2
X_1	0. 979	0. 153	0. 422	0. 084
X_2	−0. 462	0. 847	−0. 199	0. 465
X_3	0. 978	0. 179	0. 422	0. 099
X_4	−0. 507	0. 839	−0. 219	0. 461
X_5	0. 994	0. 063	0. 429	0. 034
X_6	0. 364	0. 874	0. 157	0. 480
X_7	0. 994	0. 061	0. 429	0. 033
X_8	0. 813	0. 564	0. 351	0. 310
X_9	−0. 471	0. 866	−0. 203	0. 475

根据表 9 – 13，构建主成分得分与 9 个变量之间的线性关系式：

$$F_1 = 0.422X_1 - 0.199X_2 + 0.422X_3 - 0.219X_4 + 0.429X_5 + 0.157X_6 + 0.429X_7 + 0.351X_8 - 0.203X_9$$

$$F_1 = 0.084X_1 - 0.465X_2 + 0.099X_3 + 0.461X_4 + 0.034X_5 + 0.480X_6 + 0.033X_7 + 0.310X_8 + 0.475X_9$$

第一个主成分的方差贡献率为 60%，包含信息量较大，其中 X_1，X_3，X_5，X_7，X_8 系数较大，说明其提取了关于蔬菜供给过程中所带来的总经济成本、土地、水损耗以及碳排放指标信息，反映了蔬菜供给总量所产生的供给效应；第二个主成分的方差贡献率为 37%，其中 X_2，X_4，X_6，X_9 系数较大，说明其提取了关于蔬菜供给过程中所产生的单位重量经济成本、土地、水损耗以及碳排放指标信息，反映了蔬菜供给单位重量所产生的供给效应，可以衡量一个地区蔬菜单位供给所产生损耗的大小。

图 9 – 6 是根据主成分综合得分汇总得到的散点图，供给效应反映了蔬菜供给过程中所产生的经济和资源的损耗，供给效应越大，说明供给产生

的损耗越大。六个地区共分成三个类型：第一个类型为山东和河北，第一个和第二个主成分的得分都较高，说明供给总量和单位供给量产生的供给效应都较大，蔬菜从两个地区运往北京所消耗的经济成本和资源成本都较高；第二个类型为海南，第一个主成分的得分较低，第二个主成分的得分较高，供给总量有限，损耗较低，但是单位蔬菜供给量损耗较大，说明将一单位蔬菜从海南运往北京，会产生较大的经济和资源成本；第三类型为天津、内蒙古和辽宁，三个地区的第一个、第二个主成分的得分都较低，说明供给总量和单位供给量产生的供给效应都较小，将一单位蔬菜从三个地区运往北京所产生的经济和资源损耗最小。从目前供给量来看，河北和山东是北京市蔬菜的主要来源地，产生的供给效应最大；从单位供给量来看，天津、内蒙古和辽宁产生的供给效应最小，具有较强的发展潜力，可以在一定程度上节约经济和资源成本。

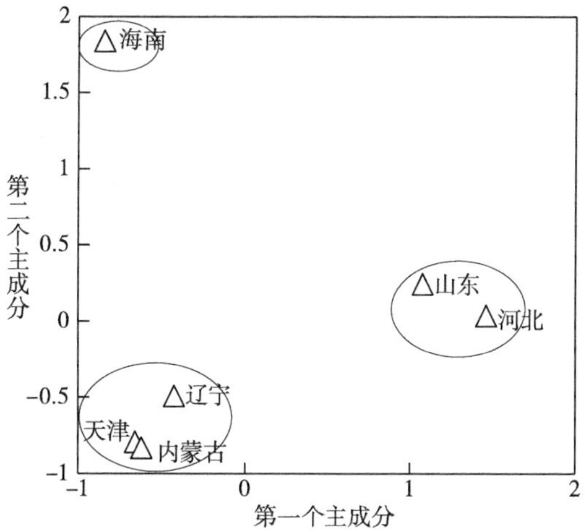

图 9－6　蔬菜外埠供应地区主成分散点图

9.5　北京市蔬菜供给体系构建研究

9.5.1　北京市蔬菜供给中的蔬菜主产地

对北京市与其供给地区蔬菜生产比较优势的研究，通过灰色聚类评价法对地区优势进行评价，比较北京市蔬菜供给主产地区的生产情况。河北、山东是我国蔬菜主产省，生产优势排在“高类”地区；辽宁近年来发展迅速，产量、单产、产值不断提高，排在“中类”地区；北京、上海、海南由于种植规模相对较小，排在“低类”地区。通过灰色局势决策法对品种优势进行测算，对于北京市及其供应地区（除海南以外），这些地区内部种植优势情况基本一致，蔬菜、玉米、小麦相对其他品种具有比较优势。

对北京市与其供给地区蔬菜生产内部运行机制的研究，生产要素优化组合会形成不同的生产潜力，并且此潜力在具有不同经营特征以及要素禀赋的农户之间具有异质性。对于要素禀赋处于劣势的农户，当劳动力资源较少时，增加资本要素投入比例，会获得相对较高的收益；当蔬菜收入占总收入比重较小时，其生产潜力更多地来自资本要素投入。对于要素禀赋处于优势的农户，当户主受教育程度较高、接受过相关蔬菜种植技术培训时，增加土地要素投入比例，会获得相对较高的收益；当种植规模扩大时，农户更重视劳动和土地要素的作用。

9.5.2 从主产地到北京的蔬菜供给模式

蔬菜从主产地区转移到北京地区消费者手中所经过的路径或过程，称为蔬菜供给模式。农户进入市场的供给模式可以分为两种类型——中间收购商介入的传统模式和不经过中间收购商的现代供给模式。供给模式的效率反映了农户出售蔬菜实现市场价值的效率，农户供给模式的整体效率偏低，其中不经过中间收购商的现代供给模式的效率略高于中间收购商介入的传统模式。蔬菜从进入市场到最终消费环节的供给模式可以分为三种类型——以农产品批发市场为核心的供给模式、以地头市场为核心的产销对接供给模式和连锁超市介入的农超对接供给模式。从流通成本、生产者分得比率的角度来看，以地头市场为核心是最理想的供给模式，从流通费用率的角度，以农产品批发市场为核心是最理想的供给模式，而连锁超市介入的农超对接模式还没有充分显现出优势。

农户是蔬菜生产主体，因此蔬菜供给模式选择的关键在于农户。随着户主年龄越大、社会关系网络越松散、市场信息了解越少，北京本地农户越倾向选择中间商介入的传统供给模式；当社会关系网络越松散、离最近蔬菜交易市场的距离越近、市场谈判成本越大时，外埠地区农户越倾向选择中间收购商介入的传统供给模式；从各因素对供给模式选择的贡献率来看，影响北京本地和外埠地区蔬菜种植户选择的最主要因素分别为是否了解市场信息和是否为合作社成员。

9.5.3 北京市蔬菜供给的地区来源结构网络

通过北京市批发市场数据，可以发现北京市所需的大部分蔬菜由外埠地区供应，北方的设施蔬菜和南方的露地蔬菜都是北京市蔬菜供给的主要来源。河北、山东和辽宁为供给主产地区，对北京批发市场供应比例分别为34.8%、26.4%和4.9%，总计占到66.1%，还可以发现，三个来源地均位于北京周边，具有便利的交通条件，加上它们都是蔬菜生产大省，是北京市“菜篮子”工程的有机组成部分，对保障北京市蔬菜供应起到了重要作用。

空间均衡数据显示北京市所需的大部分蔬菜由河北和辽宁提供，对北京市场供应比例分别为60.63%、23.99%。可以看出，模拟结果显示北京市蔬菜供应来源地更加集中，河北和辽宁本来就是北京市蔬菜供应的主力，在模拟结果中两者所占的比重均大幅度提高，但是作为北京市另一主要供应地的山东省却被排除在模拟结果之外。

9.5.4 兼顾北京市蔬菜的供给效应

关注蔬菜供给过程中所产生的经济和资源损耗，从总量来看，河北和山东供给效应最大；从单位供给量来看，天津、内蒙古和辽宁产生的供给效应最小，具有较强的发展潜力，可以在一定程度上节约经济和资源成本。

对比外埠供给地区结构的现实数据和模拟结果（见表9-14），发现空间均衡模型模拟的地区来源结构可以更好地节约经济成本、土地资源以及减少碳排放。

表 9-14 基于现状与模拟的供给结构产生的供给效应

项目	现实的地区来源结构现状	模拟的地区来源结构
经济效应		
经济成本/万元	259565.8	243341.3
资源效应		
土地资源（10^3hm^2）	23.6	27.3
水资源（10^8m^3）	—	—
碳排放（10^4tCO_2）	9.23	9.05

9.6 本章小结

对于经济成本，河北地区经济成本最高，其次为山东地区，海南地区供给总重量最小，但是生产成本和流通成本相对较高，经济成本排在第三位。对于单位距离的经济成本，随着外埠供给地区与北京地区直线距离的增大，单位距离经济成本呈递减的趋势；进一步测算每单位重量的单位距离经济成本，发现海南地区蔬菜具有一定的经济成本优势，所以南菜北运的经济情况仍然存在；辽宁地区相较于其他地区具有一定的经济成本优势，这与近几年来辽宁逐渐成为北京市外埠地区蔬菜主要来源地之一的背景相一致。对于经济边界，北京市外埠地区蔬菜供给的经济边界为 306.6 千米，蔬菜供给主要由北京周边的天津、河北、内蒙古、辽宁等直线距离较近的省份提供。对于单位经济边界，北京市外埠地区蔬菜供给的单位经济成本相当于每万吨蔬菜由距离北京市 1.96 千米的地区运往北京，说明目前北京市外埠地区蔬菜供给相对容易，经济成本在合理区间内。

对于生态足迹和水足迹，占用最多土地资源的是河北和山东，其次分别为海南、内蒙古、辽宁和天津；占用最多水资源的地区是河北和山东，其次分别为辽宁、内蒙古、天津和海南；北京市外埠地区蔬菜供给所需的土地资源和水资源主要来自河北和山东；若按北京市本身供给能力测算，依据目前外埠地区供给的现状，会节约 $2.14 \times 10^3 hm^2$ 土地资源，但是不会节约水资源。

对于碳足迹，外埠地区蔬菜供给的碳足迹包括化肥投入、农药使用、机械作业和公路运输四个部分；碳足迹最主要的部分来自化肥，其次分别为公路运输、机械作业、农药使用；从地理来源分布情况来看，河北和山东是碳排放的主要来源地。

基于主成分分析法对外埠地区蔬菜供给效应进行综合评价，供给效应反映了蔬菜供给过程中所产生的经济和资源损耗，供给效应越大，说明供给产生的损耗越大。六个地区分成三个类型：第一类型为山东和河北，供给总量和单位供给量产生的供给效应都较大；第二类型为海南，供给总效应较低，但是单位蔬菜供给效应较高；第三类型为天津、内蒙古和辽宁，供给总量和单位供给量产生的供给效应都较小。从供给总量来看，河北和山东的供给效应最大；从单位供给量来看，天津、内蒙古和辽宁产生的供给效应最小，具有较强的发展潜力，可以在一定程度上节约经济和资源成本。从生产现状、供给模式、地区结构及供给效应四个方面总结北京市蔬菜供给体系的特点。

第 10 章　研究结论与政策建议

10.1　主要研究结论

本书通过对北京市蔬菜供给链中生产环节、流通环节、蔬菜供给外埠来源结构以及供给结构所产生的经济和环境效应的研究，从横向和纵向两个维度来把握北京市蔬菜的供给现状和运行机制。运用灰色聚类和灰色局势决策方法分别对北京市及主产地的地区和品种比较优势进行测算，把握北京市蔬菜供给链中生产环节的外部比较优势；建立随机前沿生产函数，测算生产要素间的替代关系，进一步结合联立方程组方法分析替代关系的影响因素，从而更好地优化北京市蔬菜供给链中生产环节的要素配置；测算北京市不同供给模式的效率，并采用 Tobit 模型分析北京市及主产地蔬菜种植户供给模式选择的影响机制；运用空间均衡模型，模拟北京蔬菜供给与其他地区之间的相互联系，并通过设置情景方案，分析因素变化时会对北京市蔬菜供给产生的影响；测算蔬菜供给过程中产生的经济成本、土地和水资源的损耗情况以及对大气环境的影响效果，并采用主成分分析法对外埠地区蔬菜供给效应进行综合评价；从生产现状、供给模式、地区结构以及供给效应四个方面总结北京市蔬菜供给体系的特点。

主要结论概括如下：

第一，北京市蔬菜供给现状的特征为，近些年来北京市自产蔬菜的产量和播种面积呈不断下降的趋势；蔬菜品种多以叶菜类、茄果类和瓜菜类为主；核心技术体系为设施蔬菜；面积和产量最高的主产区为大兴区，接下来依次为顺义区、通州区、平谷区、房山区、密云区；传统家庭经营是北京市农村最基本和最主要的经营形式；北京市外埠地区蔬菜供给的来源地区包括天津、河北、辽宁、山东、海南，这些来源地大多位于北京周边，具有便利的交通条件，加上自身都是蔬菜生产大省，是北京市“菜篮子”工程的有机组成部分。

第二，对北京市与主产地区蔬菜生产比较优势的研究，采用灰色决策法对北京及其外埠供给地区进行地区和品种的优势比较。在地区优势中，河北、山东是我国蔬菜主产省，生产优势排在“高类”地区；辽宁近年来发展迅速，产量、单产、产值不断提高，排在“中类”地区；北京、上海、海南种植规模相对较小，排在“低类”地区。在品种优势中，无论是北京地区还是外埠供给地区，蔬菜相对其他农产品品种更具有比较优势。

第三，对北京市与主产地区生产潜力的研究，基于生产理论，运用随机前沿生产函数测算土地、劳动和资本三种要素间的替代关系，发现三个要素之间均存在替代作用，进一步结合联合方程组模型分析影响要素替代关系的内在机制。对于要素禀赋处于劣势的农户，当劳动力资源较少、蔬菜收入占总收入的比重较小时，增加资本要素投入比例，会获得相对较高的收益；对于要素禀赋处于优势的农户，当户主受教育程度较高、接受过相关蔬菜种植技术培训时，增加土地要素投入比例，会获得相对较高的收益，当种植规模扩大时，农户更重视劳动和土地要素的作用。

第四，在蔬菜供给模式效率及农户选择的研究中，从农户环节和流通环节对北京市蔬菜供给模式效率进行了分解分析。在农户环节，蔬菜种植户进入市场可以分为两种类型——中间收购商介入的传统类型和不经过中间收购商的现代类型。后者在生产方面的投入略低于前者，但是在销售方面的投入远高于前者；两种供给模式效率均偏低，其中不经过中间收购商的现代类型的效率略高于中间收购商介入的传统类型。在流通环节，蔬菜从进入市场到最终消费的环节可以分为三种类型——以农产品批发市场为核心、以地头市场为核心和以连锁超市为核心。从流通成本、生产者分得比率的角度，以地头市场为核心是最理想的供给模式；从流通费用率的角度，以农产品批发市场为核心是最理想的模式；以连锁超市为核心的优势还没有充分显现。

第五，在蔬菜供给模式农户选择的研究中，采用 Tobit 模型分析蔬菜种植户选择不同供给模式的作用机制。无论是主销地北京本地还是主产地外埠地区，在农户供给模式选择中，中间收购商仍然是现阶段衔接小农户与大市场的重要桥梁；北京本地蔬菜种植户选择的供给模式可能更多样，选择农超对接、企业直送等新型供给模式的种植户数量多于外埠地区；随着户主年龄越大、社会关系网络越松散、市场信息了解越少，北京本地蔬菜种植户越倾向选择中间商介入的传统供给模式；当社会关系网络越松散、离最近蔬菜交易市场的距离越近、市场谈判成本越大，外埠地区蔬菜种植户越倾向选择中间商介入的传统供给模式。

第六，在北京市蔬菜供给与主产地之间的关联分析中，将全国体系划分为北京及其他 12 个区域，所构建的蔬菜空间均衡模型通过了相关检验，说明模型是有效的。在基准方案下，需求大于供给的区域有 5 个，分别为北京、东北、华东、中南、华南地区，属于蔬菜调入区；供给大于需求的区域有 8 个，分别为天津、河北、山西、辽宁、山东、海南、西北、西南地区，属于蔬菜调出区；北京自给率为 15%，河北、辽宁为北京市蔬菜外埠供给的主要来源地，对北京市场的供应比例分别为 49.82%、35.05%。从收入增长、人口增长与城镇化水平提高、流通成本下降三个方面设计了七个情景方案，探讨不同情景下，各地区生产、消费和流通的优化结果，对于北京市，关于收入增长的情景，它直接作用在需求方面，需求量、供给量均增加；关于人口增长与城镇化水平提高的情景，它同时直接作用于需求和供给两个方面，需求量增加、供给量下降；关于地区流通的情景，它直接作用在流通方面，需求量和供给量变化不大。

第七，对蔬菜供给效应的研究，主要探讨在蔬菜供给过程中所产生的经济和资源损耗。对于经济成本，河北地区经济成本最高，其次为山东地区，海南地区供给总重量最小，但是生产成本和流通成本相对较高，经济成本排在第三位；对于单位距离的经济成本，随着外埠供给地区与北京市直线距离的增大，单位距离经济成本呈递减的趋势；进一步测算每单位重量的单位距离经济成本，发现海南地区蔬菜具有一定的经济成本优势，所以南菜北运的经济情况仍然存在；辽宁地区相较于其他地区具有一定的经济成本优势，这与近几年来辽宁逐渐成为北京市外埠地区蔬菜主要来源地之一的背景相一致；对于经济边界，北京市外埠地区蔬菜供给的经济边界为 306.6 千米，蔬菜供给主要由北京周边的天津、河北、内蒙古、辽宁等直线距离较近的省份提供；对于单位经济边界，北京市外埠地区蔬菜供给的单位经济成本相当于每万吨蔬菜由距离北京市 1.96 千米的地区运往北京市，说明目前北京市外埠地区蔬菜供给相对容易，经济成本在合理区间内。对于生态足迹和水足迹，占用最多土地资源的是河北和山东，其次分别为海南、内蒙古、辽宁和天津；占用最多水资源的地区是河北和山东，其次分别为辽宁、内蒙古、天津和海南；北京市外埠地区蔬菜供给所需的土地资源和水资源主要来自河北和山东；若按北京市本身供给能力测算，依据目前外埠地区供给的现状，会节约 $2.14 \times 10^3 hm^2$ 土地资源，但是不会节约水资源。对于碳足迹，碳足迹最主要的部分来自化肥，其次分别为公路运输、机械作业、农药使用；从地理来源分布情况来看，河北和山东是碳排放的主要来源地。基于主成分分析法将外埠地区蔬菜供给效应分为三种类型；从单位供给量来看，天津、内蒙古和辽宁产生的供给效应最小，具有较强的发展潜力，可以在一定程度上节约经济和资源成本。

10.2　政策建议

基于主要研究结论，提出以下建议：

第一，调整农业产业结构，合理规划蔬菜品种结构。北京市蔬菜产业的发展，不应局限在生产规模扩大方面，应重点开展设施蔬菜的建设；在蔬菜品种布局时，调减劣势生产品种，将蔬菜主要品种调减到 50 个左右，同时扩大优势生产品种，力推蔬菜主导品种，突出黄瓜、番茄、茄子、芹菜、韭菜、油菜等六个品种的主导性，瞄准冬春淡季的生产供应，提高日常消费品种的市场占有率；提倡适当规模和打造精品的生产模式。

第二，针对具有不同经营特征以及要素禀赋的农户选择适合的要素投入组合。对于要素禀赋处于劣势的农户，其生产潜力更多来自资本要素的投入，侧重产业发展的“深化”。一是需要激发资本对生产效率提高的活力，如对现有机械设施改造提升，提升产出率，加快新型肥料的应用，适当增加化肥的施用，发展精准施肥、氮肥深施等措施提高化肥利用率；二是注重资本投入的针对性，避免普惠式的投入与补贴，鼓励资本进入机械和施肥社会化服务中，减少田间管理环节的土地和劳动要素投入。对于要素禀赋相对处于优势阶段的农户，其生产潜力更多来自土地要素的投入，侧重产业发展的“广化”。一是随着外出劳动力的增多，需要从增加劳动的有效供给入手，如关注劳动力素质培训等，从而提升农户的人力资本；二是通过土地托管、土地股份合作等方式将土地成本内部化，积极推动土地流转，鼓励农户发展适度规模经营。

第三，加强流通体系建设，培育多种形式的流通主体。一是国家应该重视中间收购商的地位，加大对其培训、管理与扶持的力度，更好地发挥中间收购商对促进蔬菜流通的作用；二是增强农户获取信息的能力，使农户可以及时、有效地获取市场信息；三是提高蔬菜种植户对流通的重视度；四是鼓励和发展多种形式的营销主体参与流通，逐步健全以农产品超市经营或连锁配送为核心的现代流通体系；五是鼓励合作社与蔬菜种植户进行紧密合作，通过合作社向农户提供市场保障和技术服务支持，吸引更多的蔬菜种植户主动参与现代供给模式，减少流通环节，提高蔬菜流通效率。

第四，树立大流通观念，主动与周边优势产区加强协作，建立蔬菜供给保障基地。较小的生产规模决定了北京市蔬菜主要由外埠地区供给，与此同时，北京市正处于工业化和城镇化高速发展的阶段，一方面，其自身耕地和劳动力不断减少，蔬菜供给能力也随之下降；另一方面，流入的劳动力会加大蔬菜需求，两方面进一步深化了供需失衡的矛盾，因此北京市应与周边主产地建立长期稳定的合作关系。一是加强主产地蔬菜基础设施的建设，保障蔬菜可以及时调入；二是完善市场流通体系的建设，构建生产稳定发展、产销衔接顺畅、市场可控的蔬菜供给体系，提高北京上市淡季的供给能力。

第五，重视农业生态环境的保护，建设资源节约型、环境友好型农业，实现“菜篮子”工程的可持续发展。北京居民消费的蔬菜绝大部分由外埠地区供给，这不可避免地会对外埠供给地区的土地资源和水资源产生一些负面影响，因此在农业发展中，应大力推广节水灌溉技术，同时推行低碳化的农业生产，如发展精准施肥、氮肥深施等措施提高肥料使用率，减少蔬菜生产环节的碳排放。

参考文献

[1]ALVARDO I, CHARMEL K. The rapid rise of supermarkets in Costa Rica: impact on horticultural market. development[J]. Policy review, 2002, 20(4): 473 - 485.

[2] ANSELIN L. Spatial econometrics: methods and models[M]. Dordrecht: Kluwer Academic Publishers, 1988:111 - 124.

[3]SHEPHERD A W. The implications of supermarket development for horticultural farmers and traditional marketing systems in Asia[J]. Support systems, 2001 (31):24 - 25.

[4]BERDEGUÉ J A, BALSEVICH F, FLORES L, et al. Central American supermarkets' private standards of quality and safety in procurement of fresh fruits and vegetables[J]. Food policy, 2005, 30(3):254 - 269.

[5]MARTINA B, TSUNEMASA K. Introducing a spatial equilibrium model under consideration of a realistic differential tariff system to the Japanese pork import market: reflecting upon the impact of the gate - price under perfect competition[J]. Journal of the faculty of agricultureKyushu University, 2006(2):477 - 496.

[6]BALDWIN R E. Determinants of the commodity structure of US trade[J]. American economic review, 1971, 61(1):126 - 146.

[7]CODRON J M, BOUHSINA Z, FORT F, et al. Supermarkets in low - income mediterranean countries: impacts on horticulture systems[J]. Development policy review, 2004, 22(9): 587 - 602.

[8]CRUZ D L, BARRAZAPIZZOLATO B C, CRUZ N D D L, et al. An applica-

tion of the spatial equilibrium model to soybean production in Tocantins and neighboring states in Brazil[J]. Pesquisa operacional, 2010, 30(2): 443 - 464.

[9]HOLTZ - EAKIN D, NEWEY W, ROSEN S H. Estimating vector autoregressions with panel data[J]. Econometrica, 1988(56):1371 - 1395.

[10]HU D, REARDON T, ROZELLE S, TIMMER P, et al. The emergence of supermarkets with Chinese characteristics: challenges and opportunities for China's agricultural development[J]. Development policy review, 2004, 22(5): 557 - 586.

[11]BUURMA JAN SARANARK J. Supply - chain development for fresh fruits and vegetables in Thailand[J]. Competitive intelligence review, 2005(2):45 - 46.

[12]BERDEGUE J A, BALSEVICH F, FLORES L, et al. Central American supermarkets' private standards of quality and safety in procurement of fresh fruits and vegetables[J]. Food policy, 2005, 30(3): 254 - 269.

[13]KOO W W, UHM I H. A spatial equilibrium analysis of US wheat exports under alternative transport costs and trade restrictions[J]. Logistics and transportation review, 1986(1):27 - 41.

[14]KUMARS B. Prevention and management of product recalls in the processed food industry: a case study on an exporter's perceptive[J]. Technovation, 2006(26): 739 - 750.

[15]KRUGMAN P. Increasing returns and economic geography[J]. Journal of political economy, 1991, 99(3):483 - 499.

[16]LANSINK A O. Long and short term economics of scope in Dutch vegetable production[J]. Journal of agricultural economics, 2001(1):123 - 138.

[17]LILI L. Spatial equilibrium model on regional analysis for the trade liberalization of fluid milk in Taiwan[J]. Lecture notes in computer science, 2006(4253): 956 - 963.

[18]LIU J, LUNDQVIST J, WEINBERG J, et al. Food losses and waste in China and their implication for water and land[J]. Environmental Science & Technology, 2013, 47(18):10137 - 10144.

[19]MACAULAY TG A. recursive spatial equilibrium model of the north Ameri-

can beef industry for policy analysis[D]. Guelph: University of Guelph, 1976.

[20]BORJA - BRAVO M, GARCÍA - SALAZAR J A, SKAGGS R K. Mexican fresh tomato exports in the North American market: A case study of the effects of productivity on competitiveness[J]. Canadian journal of plant science, 2012, 93(5): 839 - 850.

[21]OPPEWAL H, TOJIB D R, LOUVIERISP. Experimental analysis of consumer channel - mix use[J]. Journal of business research, 2013, 66(11): 2226 - 2233.

[22]OTSUKI T, WILSON J S, SEWADEH M. Saving two in a Billion: quantifying the trade effect of European food safetystandards on African exports[J]. Food policy, 2001, 26(5): 495 - 514.

[23]OLPER A, RAIMONDI V. Agricultural market integration in the OECD: agravity - border effect approach[J]. Food policy, 2008, 33(2): 165 - 175.

[24] GUAJARDO R G, ELIZONDO H A. North American tomato market: a spatial equilibrium perspective[J]. Applied economics, 2003(35): 315 - 322.

[25]REARDON T, BERDEGUÉ J A. The rapid rise of supermarkets in Latin America: challenges and opportunities for development[J]. Developmentpolicy review, 2002, 20(4): 317 - 334.

[26]SAMUELSON RA. Spatial price equilibrium and linear programming[J]. American economic review, 1952(42): 283 - 303.

[27]SCHWENTESIUS R, GÓMEZ M Á. Supermarkets in Mexico: impacts on horticulture systems[J]. Development policy review, 2002, 20(4): 487 - 502.

[28]SAWYER J A. An econometric study of international trade flows by Hans Linnemann[J]. Canadian journal of economics and political science, 1971, 33(4): 633 - 634.

[29]TAKAYAMA T, JUDGE G G. An interregional activity analysis model for the agriculture sector[J]. Journal of farm economics, 1964(46): 349 - 365.

[30]TAKAYAMA T, JUDGE G G. Spatial and temporal price and allocation models[M]. Amsterdam: North - Holland and Publishing Company, 1971.

[31]WANG H, DONG X, ROZELLE S, et al. Producing and procuring horticultural crops with Chinese characteristics: the case of northern China[J]. World development, 2009, 37(11):1791 – 1801.

[32]陈永福,刘春成. 畜产品消费增长对我国饲料粮市场的影响[J]. 中国农村经济,2008(7):53 – 62.

[33]陈强. 高级计量经济学及 Stata 应用[M]. 北京:高等教育出版社,2010.

[34]陈耀庭,戴俊玉,管曦. 不同流通模式下农产品流通效率比较研究[J]. 农业经济问题,2015(3):68 – 74.

[35]陈文辉,谢高地,张昌顺,等. 北京市消耗食物生态足迹距离[J]. 生态学报,2016(4):904 – 914.

[36]董晓霞,黄季焜,ROZELL S,等. 地理区位、交通基础设施与种植业结构调整研究[J]. 管理世界,2006(9):59 – 63.

[37]董晓霞,黄季焜,ROZELL S,等. 北京超市发展及其周边地区农户果蔬生产和销售的特征分析[J]. 中国农村经济,2006(11):9 – 16.

[38]方志权,顾海英. 上海蔬菜产业链发展的现状、问题及对策[J]. 上海农业学报,2004(1):1 – 4.

[39]黄季焜,牛先芳, 智华勇, 等. 蔬菜生产和种植结构调整的影响因素分析[J]. 农业经济问题, 2007(7):4 – 10.

[40]韩纪琴. 南京市蔬菜产业链研究[D]. 南京:南京农业大学,2000.

[41]黄祖辉,米松华. 农业碳足迹研究——以浙江省为例[J]. 农业经济问题,2011(11):40 – 47.

[42]黄珠容. 超市果蔬采购对批发市场果蔬购销的影响[J]. 农业技术经济,2008(6):4 – 10.

[43]寇荣,谭向勇. 蔬菜批发主体技术效率分析——基于北京市场的调查[J]. 中国农村观察, 2008(2):2 – 12.

[44]李秋萍,肖小勇. 我国农产品批发市场技术效率区域差异分析[J]. 华中农业大学学报,2013(1):31 – 35.

[45]李岳云,卢中华,凌振春. 中国蔬菜生产区域化的演化与优化——基于31 省区的实证分析[J]. 经济地理, 2007(2):191 – 195.

[46]李谷成,梁玲,尹朝静,等.劳动力转移损害了油菜生产吗?——基于要素产出弹性和替代弹性的实证[J].华中农业大学学报(社会科学版),2015(1):7-13.

[47]李晓明.基于交易成本视角的供应链整合研究[J].经济问题,2013(5):100-103.

[48]梁书民.精饲料流通最优化研究——基于空间均衡模型和GIS网络分析[J].农业技术经济,2010(1):80-87.

[49]李国飞,徐广才,高运安.基于Nerlove模型的我国蔬菜供给反应研究[J].安徽农业科学,2016(18):235-437.

[50]李崇光,肖小勇,张有望.蔬菜流通不同模式及其价格形成的比较——山东寿光至北京的蔬菜流通跟踪考察[J].中国农业经济,2015(8):53-66.

[51]李维安,李勇建,石丹.供应链治理理论研究:概念、内涵与规范性分析框架[J].南开管理评论,2016(1):4-15.

[52]李志俊.中国农业要素的替代弹性:人力资本的作用及农业技术变迁[J].财经论丛(浙江财经大学学报),2014(7):10-15.

[53]刘兵.基于农户与消费者利益的农产品供应链整合研究[D].沈阳:沈阳农业大学,2013.

[54]刘鸿雁,龚晶.全脂奶粉贸易自由化的空间均衡分析[J].中国农村经济,2008(6):32-38.

[55]刘俊浩,李加明.基于"钻石"模型的农业产业集群要素分析——以山东寿光蔬菜产业集群为例[J].农村经济,2008(1):47-49.

[56]刘雪,傅泽田,常虹.我国蔬菜生产的区域比较优势分析[J].中国农业大学学报,2002(2):1-6.

[57]李霖,王军,郭红东.产业组织模式对农户生产技术效率的影响:以河北省、浙江省蔬菜种植户为例[J].农业技术经济,2019(7):40-51.

[58]卢凌霄,周应恒,龙开胜.中国主要城市蔬菜生产的地区比较优势分析——以黄瓜、西红柿为例[J].财贸研究,2010(1):58-64.

[59]卢凌霄.中国蔬菜生产的地区专业化程度分析[J].经济问题探索,2011(12):46-50.

[60]陆文聪,黄祖辉.中国粮食供求变化趋势预测:基于区域化市场均衡模型[J].经济研究,2004(8):94－104.

[61]吕超,周应恒.我国蔬菜播种面积的影响因素分析[J].经济地理,2011(1):118－122.

[62]吕斌.菜农成为蔬菜供应链稳定主体意愿分析[J].经济问题,2010(5):68－71.

[63]梅燕.中国粮食供求区域均衡变化研究:模型构建与模拟分析[D].杭州:浙江大学,2008.

[64]罗婷文,欧阳志云,王效科,等.北京城市化进程中家庭食物碳消费动态[J].生态学报,2005(12):3252－3258.

[65]穆月英,沈辰,郭卫东,等.北京市蔬菜产业的SWOT分析[J].中国蔬菜,2010(21):13－16.

[66]穆月英.中国农作物地区布局的灰色局势决策分析[J].中国农学通报,2007(10):15－19.

[67]宁泽逵.农户种植业生产及其要素替代分析——基于联立方程模型[J].西安财经学院学报,2012(4):87－92.

[68]欧阳小迅,黄福华.我国农产品流通效率的度量及其决定因素:2000—2009[J].农业技术经济,2011(2):76－84.

[69]欧玉芳.比较优势理论发展的文献综述[J].特区经济,2007(9):268－270.

[70]齐文娥,唐雯珊.农户农产品销售渠道的选择与评价——以广东省荔枝种植者为例[J].中国农村观察,2009(6):14－22.

[71]屈小博,霍学喜.交易成本对农户农产品销售行为的影响——基于陕西省6个县27个村果农调查数据的分析[J].中国农村经济,2007(8):35－46.

[72]孙剑.我国农产品流通效率测评与演进趋势——基于1998—2009年面板数据的实证分析[J].中国流通经济,2011(5):21－25.

[73]孙倩.我国蔬菜供给及其影响因素分析[D].北京:中国农业大学,2012.

[74]隋博文,庄丽娟.跨境农产品供应链:中国—东盟农产品流通产业发

展的基石[J]. 中国流通经济,2016(2):67 – 74.

[75]宋博,穆月英. 设施蔬菜生产系统碳足迹研究——以北京市为例[J]. 资源科学,2015(1):175 – 183.

[76]王素霞,胡定寰. 以超市为中心的农产品供应链流通成本研究[J]. 经济研究参考,2007(26):2 – 11.

[77]王秀清. 大都市郊区蔬菜产地的竞争策略分析[J]. 中国农村经济,1996(9):52 – 55.

[78]王学真,刘中会,周涛. 蔬菜从山东寿光生产者到北京最终消费者流通费用的调查与思考[J]. 中国农村经济,2005(4):66 – 72.

[79]王雅静,李亚琼. 北京市蔬菜市场现状分析与对策建议[J]. 农业与技术,2014(8):200 – 202.

[80]吴建寨,沈辰,王盛威,等. 中国蔬菜生产空间集聚演变、机制、效应及政策应对[J]. 中国农业科学,2015(8):1641 – 1649.

[81]吴燕,王效科,逯非. 北京市居民食物消耗生态足迹和水足迹[J]. 资源科学,2011(6):1145 – 1152.

[82]吴燕,王效科,逯非. 北京市居民食物消费碳足迹[J]. 生态学报,2012(5):1570 – 1577.

[83]吴舒,穆月英. 蔬菜产业集聚与产业成长的区域差异性研究——基于PVAR 模型[J]. 哈尔滨工业大学学报(社会科学版),2016,18(2):133 – 140.

[84]吴舒,穆月英. 中间商介入的蔬菜流通模式选择及影响因素分析[J]. 经济问题,2016(12):99 – 105.

[85]吴舒,穆月英,聂凤英. 蔬菜生产要素替代关系[J]. 中国农业大学学报,2020,25(7):196 – 204.

[86]乌云花,黄季焜,ROZELLE S. 水果销售渠道主要影响因素的实证分析[J]. 系统工程理论与实践,2009,29(4):58 – 66.

[87]王家旭. 马克思经济学与西方经济学流通理论的比较研究[J]. 经济纵横,2012(11):37 – 39.

[88]王彬,傅贤治,张士康. 基于综合“DEA—偏好锥”模型的鲜活农产品流通模式效率评价的研究[J]. 安徽农业科学,2008(12):5176 – 5181.

[89]王建浩,徐子轩.要素替代、技术进步与蔬菜生产:以露地西红柿生产为例[J].农林经济管理学报,2018,17(1):15-22.

[90]王晓兵,许迪,侯玲玲,等.玉米生产的机械化及机械劳动力替代效应研究:基于省级面板数据的分析[J].农业技术经济,2016(6):4-12.

[91]辛贤,蒋乃华,周章跃.畜产品消费增长对我国饲料粮市场的影响[J].农业经济问题,2003(1):60-64.

[92]辛贤,万广华,刘晓昀.中国饲料粮区域间流通及对价格的反应[J].中国农村观察,2002(1):22-29.

[93]项朝阳,李崇光,周娜.南菜北运/北菜南运经济边界研究——以山东和海南的番茄、黄瓜为例[J].华中农业大学学报(社会科学版),2014(1):44-48.

[94]项朝阳,李崇光.收购商主导的蔬菜供应链模式利益分配格局——基于两条典型蔬菜供应链的调研[J].中国流通经济,2015(8):9-15.

[95]向云,祁春节,王伟新.柑橘生产的要素替代关系及增长路径研究:基于主产区面板数据的实证分析[J].中国农业大学学报,2017,22(7):200-209.

[96]尹坚.中国肉产品市场空间均衡研究[D].北京:中国农业大学,2003.

[97]张喜才,张利庠,张屹楠.我国蔬菜产业链各环节成本收益分析——基于山东、北京的调研[J].农业经济与管理,2011(5):2-11.

[98]张玉梅.天然橡胶市场空间均衡模型研究[D].海口:华南热带农业大学,2003.

[99]郑鹏.基于农户视角的农产品流通模式研究[D].武汉:华中农业大学,2012.

[100]中国农业大学URP研究小组,赵霞,穆月英.北京市蔬菜主产地形成的影响因素分析[J].中国蔬菜,2014(4):41-46.

[101]周应恒,吕超,周德.我国蔬菜主产地形成的影响因素——以山东寿光为例[J].地理研究,2012(4):687-700.

[102]赵双双.北京市蔬菜生产及其技术经济评价[D].北京:中国农业大学,2011.

[103]张标,张领先,傅泽田,等.我国蔬菜生产技术效率变动及其影响因素

分析——以黄瓜和茄子为例[J].中国农业大学学报,2016(12):133-143.

[104]张新民.有机菜花生产技术效率及其影响因素分析——基于农户微观层面随机前沿生产函数模型的实证研究[J].农业技术经济,2010(7):60-69.

[105]张洪星.我国蔬菜供给的动态反应[J].江苏农业科学,2014(8):470-473.

[106]张有望,肖小勇.流通成本视角下蔬菜流通模式的比较研究——基于山东、北京的调查[J].广东农业科学,2015,42(5):157-162.

[107]张复宏,霍明,柳平增,等.苹果产销流通效率及其运行机制分析——基于山东省7个地市的调查[J].农业经济问题,2015(12):103-109.

[108]张新民.有机菜花生产技术效率及其影响因素分析:基于农户微观层面随机前沿生产函数模型的实证研究[J].农业技术经济,2010(7):60-69.

[109]赵友森,赵安平,王川.北京市场蔬菜来源地分布的调查研究[J].中国食物与营养,2011(8):41-44.

致　谢

时光如水，悄然流逝，不知不觉已是我于中国农业大学毕业的第三个年头，回首学生生涯，虽然有汗水，但更多的是喜悦与成长。在漫长的求学路上，遇到了许多良师益友，给予了我无私的帮助与热心的照顾，让我不断成长与进步。

首先，最想感谢的是我的恩师穆月英老师。本书是在我的博士论文的基础上扩充、修改和完善而成的。博士论文从选题、研究提纲拟定，到论文撰写、成稿后的修改和最终定稿，再到书稿的扩充、修改与完善，都饱含着穆老师的心血与汗水。无论是周末还是节日长假，穆老师都时时地修改我的论文，不断给予我指导。我所收获的不仅仅是知识，更是在阅读、实践中所培养的思维方式、表达能力和广阔视野。从中国农业大学经济管理学院本科二年级时起，我就很幸运地成为穆老师的学生，再到后来的保研、硕博连读、顺利获得博士学位，以及读博士后出站、找工作，我人生的关键阶段，都有穆老师的全力帮助。感谢您——导师穆月英老师！

感谢我博士后期间的合作导师——中国农业科学院农业信息研究所聂凤英研究员，以及研究团队的每一位成员给予我的支持和帮助。

感谢本书出版过程中给予大力帮助与支持的中国经济出版社编辑李煜萍老师和李若雯老师，书的出版凝聚了你们的辛勤和付出。

感谢我的四位父母和爱人，谢谢你们满满的爱，让我总能满血复活地迎接挑战，谢谢你们成为我最坚实的后盾。

有一种心情叫永远心晴，有一种梦想叫脚踏实地，有一种成长叫不忘初心。书稿并不代表研究生涯的结束，而是新的开始。我将带着老师、家人和朋友的期望与祝福，迎着阳光，勇敢地飞向心中的梦想！